Francisco Arriví

(Edición comentada y anotada por el Dr. Roberto Fernández Valledor)

©Ana Guzmán Seijo/ANCHORphotostock

Vejigantes

(Drama en tres actos)

editorial cultural, inc.
"Más de 65 años de cultura y tradición"

VEJIGANTES

(Edición comentada y anotada por el Dr. Roberto Fernández Valledor)

©1970 **Francisco Arriví**
©2012 Editorial Cultural, Inc.
Primera edición: 2012
Primera reimpresión de la primera edición: 2013
Producido en Puerto Rico

Editorial Cultural, Inc.
Editor: Francisco Vázquez
Edición: Angie Vázquez
Diagramación y montaje: Angie Vázquez, Ruth Vázquez
Diseño de portada: Ruth Vázquez
Fotografía de portada y portadilla: Ana Guzmán Seijo/ANCHORphotostock

ISBN: 978-156758-117-1

P.O. Box 21056, San Juan, P.R. 00928
Tel./Fax. (787) 765-9767
cultural@coqui.net
www.editorialculturalpr.com

$\mathcal{F}$RANCISCO $\mathcal{A}$RRIVÍ

$\mathcal{S}$U VIDA

$\mathcal{F}$rancisco Arriví nació en Santurce, cerca del antiguo convento de las monjas carmelitas, lo que es hoy la parroquia San Mateo, el 24 de junio de 1915. Cursó sus estudios primarios en las escuelas públicas Padre Rufo y Rosendo Matienzo Cintrón y los secundarios en la Escuela Superior Central de Santurce. Estudia en la Universidad de Puerto Rico donde en 1938 obtiene un bachillerato en pedagogía con especialidad en lengua y literatura españolas. Enseña en la Escuela Superior de Ponce desde 1938 a 1941 y organiza en dicha escuela una clase de artes dramáticas. Con sus alumnos representa sus primeras obras *Club de solteros* (1940) y *El Diablo se humaniza* (1941).

En 1941 lo nombran miembro del comité de producción radial de la Escuela del Aire del Departamento de Instrucción donde estuvo hasta el año 1948. Entre sus trabajos se destacan los libretos radiales que escribe y dirige para distintas series, entre ellas, *Héroes de guerra* (1941-1944) veinte radiodramas, *Alma de la leyenda* (1945-1946) ochenta leyendas puertorriqueñas dramatizadas, *Hacienda Villarreal* (1945 1947) novela radiofónica en sesenta capítulos y *Páginas de nuestra historia* (1948-1949) serie de cien capítulos dramatizados de la conquista de Juan Ponce de León hasta el rechazo de los ingleses. Estos libretos radiofónicos eran lo que hoy día son las telenovelas. No existía la televisión y la gente se reunía en torno a los aparatos de radio a escuchar estos populares dramas o guiones radiofónicos.

En un sondeo, su libreto *De la jungla al rascacielos* fue reconocido ese año como el mejor programa de radio de Puerto Rico. Arriví también fue pionero en la televisión. En 1950 preparó y dirigió *Ayer y hoy*, primer programa transmitido en Puerto Rico por televisión de circuito cerrado. En 1956 *El Niño Dios*, guión para unas transmisiones del Coro de la Universidad de Puerto Rico dirigido por Augusto Rodríguez.

Conjuntamente se dedica a la dirección teatral. Funda el grupo de teatro experimental "Tinglado Puertorriqueño" con el cual pone en escena su primera pieza teatral de tres actos, *Alumbramiento* (1945). Luego escribe y monta otro drama en tres actos, *María Soledad* (1947). A su vez, hace traducciones de obras dramáticas extranjeras para el Teatro Universitario: *Fumed Oak* de Noel Coward, *Suppressed Desires* de Susan Glaspell y *Helen of Troy* de Phillip Moeller. Desde el año 1949 hasta el 1959 se desempeñará como director de programas de la radioemisora del Gobierno de Puerto Rico (WIPR), a través de la cual fomenta las artes teatrales en toda la Isla, en su afán por lograr una culturización popular.

Sus dotes académicas y excelente labor profesional le valen que en el año 1949 fuera becado por la prestigiosa Fundación Rockefeller y la Universidad de Puerto Rico para seguir estudios en la Universidad de Columbia, Nueva York, en las áreas de dirección escénica y técnica del libreto radial y teatral. Además de estudiar las nuevas tendencias dramáticas, su estancia en la Gran Manzana le brinda la oportunidad de familiarizarse con las representaciones del Broadway neoyorquino. En abril de 1933 se fundó el Instituto de Cultura Puertorriqueña, organismo que tuvo gran preocupación por la divulgación teatral en la Isla. Francisco Arriví se integró al mismo desde 1959 a 1970 como miembro de la Comisión de Teatro. Precisamente es Arriví quien le da impulso a los festivales dramáticos de ese organismo, ya que a partir de 1960 asume la dirección de ellos. Tuvo un papel muy importante en el Festival de Teatro Puertorriqueño, el Festival de Teatro Internacional y el Festival de Teatro de Ponce. Asimismo, ayuda en la creación del Festival de Teatro de Vanguardia. Es oportuno señalar que estos festivales fueron el principal medio de divulgación de nuestro teatro. Tras una fructífera labor se retira por problemas de salud y fallece a causa de un infarto cardiaco a la edad de 91 años el 8 de febrero de 2007.

Francisco Arriví no es sólo uno de nuestros dramaturgos más sobresalientes, sino de los que laboró con más tesón en la divulgación del género, no en balde algunos lo llaman, junto con René Marqués, "Padre del Teatro Puertorriqueño Contemporáneo". Nos dejó, además, una obra crítica con sus ensayos de valoración dramática y varios libros de versos.

$\mathcal{L}$A ÉPOCA

Los críticos ubican a Francisco Arriví en la denominada Generación del 45 en las letras puertorriqueñas. La figura que da cohesión a dicha generación es el destacado escritor René Marqués. En varios de los trabajos que aparecen en su libro *El puertorriqueño dócil y otros ensayos 1953-1971*, Marqués analiza la época que le tocó vivir a esta generación.

Tras finalizar la Segunda Guerra Mundial en la que murieron unos 25 millones de personas, el ser humano cayó en cuenta de lo devastadora que podía ser la sociedad al conocer los horrores de los campos de concentración y el estallido de la primera bomba atómica. Esto hará que las personas reflexionen sobre cómo deberán enfrentarse a la vida y a la muerte. En cierto sentido, cunde un pesimismo vital, principalmente en el mundo occidental. La corriente filosófica y literaria del existencialismo ofreció en ese tiempo una explicación a este fenómeno y múltiples escritores de todo el mundo, entre ellos puertorriqueños, plantean en sus obras su reflexión sobre el individuo y la sociedad a la luz del existencialismo. Algunas obras de Arriví tienen la impronta existencial.

A los pocos años de concluida la Segunda Guerra Mundial estalla la guerra de Corea (1950-1953) en la que los puertorriqueños tuvieron una destacada participación con el Regimiento 65 de Infantería. Este conflicto marcará la vida de muchos de ellos, entre quienes está el notable escritor Emilio Díaz Valcárcel, quien narra

9

sus experiencias en una colección de cuentos titulada *La sangre inútil* que años más tarde llamará *Proceso en diciembre* (1963). Luego de firmarse la paz el 17 de julio de 1953 viene un período de tensa calma bautizado como "la guerra fría" en el cual seguirán enfrentadas las dos potencias mundiales: Estados Unidos y Rusia. En la parte económica se disfrutará de una bonanza durante la segunda gran guerra llamada "la danza de los millones" por las enormes ganancias que se obtuvieron con la industria cañera y que tuvo como consecuencia que Puerto Rico se cañaveralizara. Sin embargo, al finalizar la guerra los precios del azúcar cayeron estrepitosamente y con ello la ruina de múltiples hacendados. Como no se encuentra trabajo en el campo, porque el azúcar era la principal riqueza económica, el campesino emigra hacia la ciudad. Por esa razón, en ese tiempo se da un enorme éxodo del campo a la ciudad y en ella se establecen múltiples arrabales que se van formando alrededor de los principales núcleos urbanos. A su vez, se incrementa la emigración hacia Estados Unidos, especialmente a Nueva York, en busca de trabajo con el fin de mejorar las condiciones de vida. Este momento lo describe muy bien René Marqués en su drama *La carreta*. El gobierno, por su parte, inicia un programa de industrialización con el fin de revitalizar la economía. Esto trae como consecuencia un abandono de la agricultura, hecho que paulatinamente irá agravándose y llega hasta nuestros días.

En el plano político hay dos hechos importantes. El Partido Nacionalista bajo el liderazgo de Pedro Albizu Campos se fortalece y el 30 de octubre de 1950 se alza en armas como una forma de protesta por el estado colonial de la Isla. A su vez, el 25 de julio de 1952 se inaugura el Estado Libre Asociado bajo la gobernación de Luis Muñoz Marín. René Marqués en el libro de ensayos antes mencionado señala que, no empece la situación colonial de Puerto Rico, su literatura es de afirmación nacionalista.

$\mathcal{S}$U OBRA

El teatro puertorriqueño había logrado un notable impulso con los dramaturgos de la Generación del Treinta. Con la fundación de la Sociedad Dramática de Teatro Popular "Areyto" el año 1940 cobra mayor desarrollo. Ahora con Francisco Arriví y René Marqués se renovará aún más en la década del cincuenta. Sus obras y su quehacer dramático marcaron una transformación del teatro puertorriqueño tanto por el lirismo como por la madurez de las mismas, además de las técnicas y los métodos escénicos. Por esta razón la historiadora de nuestras letras, Josefina Rivera de Álvarez indica: "Ambos escritores [Marqués y Arriví] llegarán a significar un verdadero paso de adelanto en la historia de la dramaturgia puertorriqueña contemporánea". Y explica que las influencias de los dramaturgos de esa generación provienen de las tres corrientes literarias que dominan la época: el neonaturalismo, el superrealismo y el existencialismo, las cuales llegan a través del teatro norteamericano y europeo.

Francisco Arriví explica el papel que René Marqués y él tuvieron, ese entonces, en el desarrollo del teatro en Puerto Rico: "Con inclinaciones literarias de parecido origen y una gran disposición para el ensayo de estilos y técnicas, René Marqués hace su entrada en el teatro puertorriqueño. Por su trasfondo filosófico y su obsesión con la problemática del ser, se nos ha clasificado en casilla especial [...] Lo cierto es que ambos, a la postre, hemos buscado una síntesis entre el hombre sin fronteras de las primeras obras y el hombre puertorriqueño del teatro social que florece en la Isla a partir de 1938".

Arriví es más conocido como dramaturgo y director, pero también tiene a su haber otras obras tanto en prosa como en verso. Dejó cuatro novelas inéditas: *Crimen burocrático. El Fénix vuelve a cenizas. Nuevas cenizas, nuevo Fénix. Fénix, Fénix.* A continuación veamos al dramaturgo, al ensayista y al poeta.

El DRAMATURGO

Todas sus piezas teatrales tienen como objetivo plantear el fraccionamiento del ser puertorriqueño y las fuerzas que impiden manifestarlo a plenitud. Él considera la cultura como una unidad en la que se conjugan cuestiones anímicas, no raciales. Los temas políticos los plantea en forma de guiñol, porque dice que "tiene mucho de grotesco". Es importante señalar que la música juega un papel muy importante en las obras dramáticas de Arriví. Entre su producción teatral sobresalen las obras que aparecen a continuación. Él es muy exigente y revisa varias veces sus trabajos, en sus palabras: "Nunca publico nada que no reescribo dos o tres veces, especialmente la creación dramática, siempre sujeta a mejorarse considerablemente". De aquí que en algunos textos literarios no coincidan las fechas de sus dramas con las que aparecen aquí, nos hemos ceñido a las ofrecidas por el propio autor.

Club de solteros (1940). Farsa de títeres en un acto que en el año 1950 refunde y amplía, entonces la califica de "guiñolada en tres espantos". *Una* **farsa** *es una pieza cómica, breve, y un* **guiñol** *es la representación teatral por medio de títeres movidos con los dedos.* Esta obra es una farsa en la cual los actores son unos muñecos. Estos muñecos, todos solteros, señala Francisco Manrique Cabrera, huyen de las mujeres, pero al hacerlo se les derrumba la idea que los empuja a huir. En palabras de Cesáreo Rosa-Nieves, esta obra representa el "Año de los recortes masculinos en las cabezas femeninas". Estos hechos demuestran la crítica social que encierra y los graves problemas de las personas que plantea en ella. En el año 1972 la adapta en tres actos para farsa musical con el título *Solteros 72*. Está inédita.

El diablo se humaniza (1940). Comedia fantástica en tres cuadros y en prosa. Escribió una segunda versión de la misma. Esta obra inicia en la dramaturgia puertorriqueña el realismo poético que desarrollará la generación de Arriví. Está inédita.

Alumbramiento (1945). Drama en tres actos. Está inédito.

Cuatro sombras frente al cemí (1946). Drama en tres actos. Primera versión de *María Soledad.* Está inédito.

Arriví considera una trilogía las piezas anteriores por el asunto que tratan: *El diablo se humaniza, Alumbramiento* y *Cuatro sombras frente al cemí.*

María Soledad (1947). Drama en tres actos y en prosa. El nombre del personaje central refleja la angustia de la soledad y la incomprensión en el ser humano. Por esa razón, ella se mueve entre la realidad y la fantasía. Luego de una revisión en el año 1950 la titula *Una sombra menos.* Se ha visto en el personaje la angustia de la incomprensión humana, de aquí que se considere un drama eminentemente existencialista. En 1961 escribe una refundición de este drama y lo llama de nuevo *María Soledad.* No cabe duda de que Arriví se compenetró con este personaje, ya que el poema teatral *Licuar el cemí que te esclaviza,* aparecido en su poemario de 1980 se lo dedica: "A María Soledad mi personaje fantasma".

Escultor de la sombra (1947). Drama mental. En 1970 hace una adaptación experimental para escena del poemario *Escultor de la sombra* (1965) inspirado, a su vez, en el drama de teatro mental con el mismo nombre.

Cuento de hadas (1949). Comedia fantástica en un acto y tres cuadros. Aparece en la antología *Teatro breve hispanoamericano* de Carlos Solórzano.

El caso del muerto en vida (1949). Drama en dos actos y un epílogo. Esta obra está inspirada en *Cuento de hadas,* la cual ahora amplía. La refunde en el año 1951. El autor utiliza en esta pieza un recurso innovador en ese tiempo. Coloca entre los espectadores al narrador del suceso que se escenifica, como una forma de darle participación al público en el drama. Se reconstruye la acción retrospectivamente para dar a conocer a un alma atormentada en una encrucijada sicológica; tiene, por lo tanto, una gran carga existencial. Con ella se inicia la secuencia de obras que tratan sobre el fraccionamiento del ser puertorriqueño. Arriví explica que esta obra nació en un programa de radio escrito para la escuela del Aire. "En dicho guión me concreté a presentar la peripecia angustiosa de un periodista disociado en dos personalidades quien termina por fugarse doblemente, de sí y del ambiente de tortura espiritual que esteriliza su devenir de hombre". Confiesa que escribió cuatro versiones y ésta "quizás no sea la última". Está inédita.

Bolero y plena (1955). La integran dos obras (bilogía) de un acto: *Medusas en la bahía,* aparecida en la revista *Asomante* II, 1955 y *El murciélago*, aparecida en la revista *Asomante* I, 1956. Dice sobre ella Arriví: "Reflexiones posteriores sobre la naturaleza de mi pueblo y angustia compartida ante su voluntad de existir y su problema de ser, me impulsan a componer [estas dos obras] dentro de la misma tónica de estilo, pero con perfil puertorriqueño". La primera de ellas se desarrolla entre Puerto Rico y Estados Unidos. Presenta los prejuicios sociales y raciales de algunas personas. Augusto, la figura central, es una persona sumida en la soledad porque no encuentra un asidero vital. Precisamente las medusas plantean esa inseguridad, porque de niño les tenía miedo y era la abuela negra quien lo protegía. Él oculta la sangre negra de la abuela materna para mantener una posición social. Se plantea, pues, la inautenticidad vital. El hilo conductor de la obra es la plena: *Tanta vanidad / tanta hipocresía, / si tu cuerpo, / después de muerto, / pertenece / a la tumba fría.* La segunda se desarrolla en Nueva York y toma su título por la actitud del personaje principal. Juan es un joven angustiado por la soledad que corre "a ciegas", como los murciélagos, huyéndole a la vida sin encontrar un derrotero.

Vejigantes (1956). Mascarada en tres actos. Sobre esta obra dice Arriví que dramatiza "la problemática de conciencia que engendra el mestizaje racial en Puerto Rico, y el cual, estimo, fracciona velada y angustiosamente la unidad del pueblo que nos debemos".

Sirena en 1947 escribió la primera versión de este drama en dos actos y la calificó de "drama mental". En el año 1959 la refunde con el mismo título, ahora en tres actos. La protagonista, Carmen Beltrán más conocida como Cambucha, es una bella mulata inconforme con el color de su piel. Se somete a una cirugía estética para verse como una mujer blanca. Esta joven está enamorada del dueño de los almacenes donde trabaja como secretaria y él está apasionado por ella, pero sólo como un objeto sexual. La cirugía fue todo un éxito, pero cae en cuenta de que ha cometido un error porque ha negado su identidad, vive, pues, con una conciencia ajena a ella. De este hecho toma título el drama, porque Cambucha resulta ser una sirena, mitad mujer y mitad pez; o sea, una persona escindida. La danza "Vano empeño" de Morell Campos reitera este hecho al escucharse en la obra. Al final descubre que está embarazada del jefe, entonces su madre y un viejo amigo la ayudan a rehacer su vida. En esta obra, Arriví presenta, por un lado, la herencia africana en lo puertorriqueño y, de otro, resalta la importancia de la afirmación de la propia identidad en las personas.

Estas tres últimas obras —*Bolero y plena, Vejigantes* y *Sirena*— constituyen una trilogía llamada *Máscara puertorriqueña* que manifiesta nuestra realidad social del momento en que se escribió, pero que aún tiene vigencia. Se plantea en ellas el mestizaje racial y cultural de Puerto Rico y con ello una valoración de la identidad nacional. También se critica la conducta social que toma en consideración los aspectos sociales y raciales de los individuos.

Cóctel de Don Nadie (1964). Guiñolada en cuatro espantos. Es una pieza representativa del teatro del absurdo que presenta hechos opuestos a la razón con un fin particular. De aquí que el autor se valga en ella de sátiras, bromas, burlas, bufonadas o disparates para resaltar la transculturación del Puerto Rico moderno. Está inédita.

Jáibol de serpientes. Guiñolada descompuesta en cuadros. También la llama muñequería absoluta en innumerables espantos. Está inédita.

La suite integrada por las obras *Club de solteros, Jáibol de serpientes* y *Cóctel de Don Nadie* Arriví la llamó *Guiñol absurdo.*

Teatro plural. Recoge aquí bosquejos, "escenarios", diálogos de obras incompletas, radiodramas y teledramas. Está inédito.

ℰL ENSAYISTA

Francisco Arriví ha dejado tres importantes libros de ensayos que incorporan una serie de trabajos en los cuales analiza el quehacer dramático y cultural puertorriqueño y valora tanto a nuestros dramaturgos como a algunas de sus obras. Aún permanecen dispersos numerosos ensayos aparecidos en revistas y periódicos. *Entrada por las raíces (Entrañamiento en prosa)* (1964). Aparecen en esta obra distintos ensayos escritos entre 1940 a 1961. Sin duda alguna, el trabajo "Evolución del autor dramático puertorriqueño a partir de 1938", conferencia dictada en el primer Seminario de Dramaturgia en 1961, constituye el más elaborado de todos los escritos.

Areyto mayor (1966). Recoge la conferencia que dictara el 18 de abril de 1958 en la Sala de Conferencias de la Biblioteca General de la Universidad de Puerto Rico en Río Piedras, "La generación del treinta: el teatro", en la que analiza el teatro puertorriqueño contemporáneo a su generación. También aparecen los prólogos escritos por él a los distintos tomos publicados entre 1959 y 1966 con las obras representadas en los Festivales de Teatro Puertorriqueño hasta 1965.

Conciencia puertorriqueña del teatro contemporáneo 1937-1956 (1967). Esta obra fue publicada parcialmente en periódicos y revistas de la Isla. En ella se aprecia el desarrollo del teatro de ese tiempo antes del inicio de los importantes festivales teatrales desde 1959.

En todos estos ensayos, se puede apreciar el ojo crítico de Arriví que enjuicia con gran imparcialidad y acierto a distintos autores y diferentes obras, así como diversos aspectos relacionados con el quehacer dramático en Puerto Rico. En esto se percibe el interés del autor por mejorar la representación teatral en la Isla y su deseo de transformar nuestros males sociales denunciándolos a través de nuestra dramaturgia.

EL POETA

El teatro de Arriví demuestra el alma lírica que lo habita y, en plena cúspide de su obra dramática, nos deja varios poemarios en los que predomina el matiz existencial. Se puede apreciar que existe un estrecho vínculo en todos ellos, al punto de constituir una continuidad temática. Asimismo, existe un estrecho vínculo entre su teatro y su poesía.

Isla y nada (1958). Poemario enraizado en el paisaje y la vida puertorriqueña. El alma lírica de su autor está en comunión con su circunstancia vital, de aquí su vínculo con la Isla y su angustia entre el amor y la fugacidad existencial *Frontera* (1960). Es un dolido canto al paisaje puertorriqueño matizado por la angustia vital del ser humano. Por sus versos desfila la exuberancia de la naturaleza puertorriqueña vista a través de los sentimientos más íntimos del poeta. Es un decir poético entre la realidad percibida y la vivencia personal, de aquí el título del poemario.

Ciclo de lo ausente (1962). El poeta de nuevo mira el paisaje de la Isla, pero ahora lo percibe como un asidero vital en el discurrir de la existencia. Es importante notar que vuelve a mirar el mismo paisaje que aparece en los poemarios anteriores, pero ahora lo percibe más como una vivencia interior que como realidad fotográfica.

Escultor de la sombra (1965). Son doce cánticos a distintos elementos de la geografía insular que llevan a la integración del ser humano. El autor está elaborando un mundo que resulta ser su existencia en el cual la naturaleza se funde con la voz poética. En sus versos el autor dialoga consigo mismo, con la amada y con Puerto Rico. Constituye un autoanálisis existencial de afirmación vital.

En la tenue geografía (1971). Es una poesía más reflexiva, por ella discurren los eternos interrogantes existenciales del ser humano. Se percibe el sentido de lucha y de duda en la vida. En este poemario se resume lo que podría llamarse la biografía espiritual del poeta, la cual se puede traducir en la lucha que libra cualquier ser humano. Estas cinco obras constituyen una pentalogía que abarca desde su primer poemario *Isla y nada* (1956) hasta el último *En la tenue geografía* (1971). Se publicó en un solo volumen el año 1978 con el título *Vía poética. Ceiba; areyto; cemí; coquí* (1980). Reúne cuatro trabajos poéticos: *Entrañado en ceiba* (1976), *Del sagrado areyto interior* (1977), *Licuar el cemí que te esclaviza* (1977) y *Del coquí y las distancias siderales* (1978). Con esta obra, según el propio Arriví explica "continúo el develamiento espiritual orgánico de un yo existencial puertorriqueño" que ha presentado en sus poemarios anteriores. Él desea que todos "se fundan en un solo libro expresivo evolutivamente del júbilo y la angustia de venir a ser en el Borikén que los poetas puertorriqueños acabaron por llamar Borinquén, nombres el uno y el otro que siguen despertando magias y pesares en el caudal de vivencias que genera el yo en la circunstancia borinqueña".

Dejó inéditos los poemarios *Tiempo de reloj* (1935-1968) poesía suelta en verso, prosa y diálogo. *Más fuerte que la cruz total* (1976) temporalmente escrito en lengua franca moderna. *Juracán partea ráfagas*. Arriví espera que se publiquen en una trilogía titulada *Principio, intermedio y fin*.

𝒱*EJIGANTES*

Este drama consta de tres actos. El primero, según se indica en el texto, se desarrolla en Loíza Aldea el año 1910, los otros dos en una casa del Condado el año 1958, con un intervalo entre ellos de "unos minutos más tarde". La acción abarca tres generaciones femeninas: Toña, negra, su hija Marta, mulata y Clarita, cuarterona. Tres mujeres de distinto matiz racial, en el decir de la abuela: "En diferentes mezclas de café con leche". Mamá Toña tuvo amores con el gallego Benedicto y fruto de ellos es Marta, una mulata que se casa con un comerciante asturiano y tiene a Clarita la "más blanca de todas". Se dice que es cuarterona porque tiene un cuarto (¼), o sea 25%, de sangre negra. Estos hijos prácticamente son blancos. Recuérdese el drama *La cuarterona* de Alejandro Tapia y Rivera y la famosa novela cubana del siglo XIX *Cecilia Valdés* de Cirilo Villaverde. El conflicto del drama reside en que Marta no acepta el tener sangre africana, ya que ella disfruta de una posición holgada, pues vive en un sitio muy exclusivo en ese tiempo, el Condado. No quiere sufrir los prejuicios raciales existentes en Puerto Rico, por eso niega cualquier vínculo racial con lo africano. Tomás Blanco escribió el ensayo *El prejuicio racial en Puerto Rico* (1942) en el cual expone esta realidad de la sociedad puertorriqueña. La acción se complica porque a Clarita la pretende Bill Hawking, un norteamericano sureño de Alabama. Él considera a la Isla un paraíso, pero le disgusta soportar: "La mezcla de blancos y negros en sitios públicos" y teme que "Clarita tenga sangre africana".

Puerto Rico resulta de la fusión de las culturas y razas de tres pueblos, el aborigen taíno, el negro africano y el español, por eso Enrique A. Laguerre afirma que el puertorriqueño es *indoafrhispano*. Por consiguiente, es mestizo tanto en su cultura como en su biología. Cuando Manuel Alonso lo describe en el soneto aparecido en la primera parte de *El jíbaro* dice que es de: "color moreno". De aquí el refrán "En Puerto Rico el que no tiene dinga, tiene mandinga". que el destacado poeta puertorriqueño de poesía negroide, Fortunato Vizcarrondo (1896-1977) lo recoge en su poema "¿Y tu agüela, a'onde ejtá?": *Aquí el que no tiene dinga / tiene mandinga... ¡Ja, já! / Por eso yo te pregunto / ¿y tu agüela a'onde ejtá?* En sus versos ridiculiza a aquellas personas que presumen ser de raza blanca y se olvidan que entre sus antepasados hubo parientes afropuertorriqueños: *Érej blanquito enchapao / que déntraj en sosiedá, / temiendo que conojca / la mamá de tu mamá.* Esto mismo se le podría decir a Marta. En todos los actos se canta la bomba "Joyalito, ay, Joyalito" con lo cual Arriví quiere resaltar la presencia africana en la cultura puertorriqueña.

Además de presentar en este drama el mestizaje de los puertorriqueños, nuestro autor plantea la igualdad social de todos, sin importar raza o condición social de la persona. No podemos olvidar que en la década del cincuenta, cuando se desarrolla la obra, en Puerto Rico se iniciaba un vertiginoso desarrollo económico mediante la industrialización. El dramaturgo también recalca que las personas deben tener conciencia de lo que son para ser felices. La inautenticidad de Marta le impide lograr su tranquilidad de conciencia. Clarita y Mamá Toña se lo hacen ver al final. Veamos todo esto a través de los tres actos del drama.

PRIMER ACTO

Toña era la negra más bella de Loíza, la que mejor bailaba bomba y "la prieta más querida del palmar" por la alegría que siempre irradiaba. El gallego Benedicto se enamora de ella y para seducirla se viste de vejigante y lo logra. Según se desprende, esto fue así porque ella lo quiso, pues deseaba tener un hijo con un hombre blanco, como dice el Caballero 2: "El sueño de todas las prietas: Hijos blancos". En el fondo era para evitar el discrimen racial y subir en la escala social.

Benedicto no se puede casar con Toña, según él, porque: "Mi hermano establecido en San Juan, el mayor, armaría tamaño escándalo. Escribiría a España para informar a mis padres. Éstos esperan casarme con una muchacha de mi pueblo. No quiero enojar a los viejos". Conviene, entonces, con ella a que trabaje como sirvienta en la casa durante el día y por la noche sea su amante. Por lo tanto, ella nunca pudo sentarse en la sala como la señora de la casa, siempre estuvo relegada a la cocina.

Lo más importante en este primer acto es observar cómo Toña pierde la alegría, jamás vuelve a ser como ella era, por eso tiene "la mirada llorosa". La Loca 2 dice en forma sentenciosa: "Un vejigante se le ha metido en el alma". Esta expresión tiene un doble significado. Recordemos que los vejigantes son diablitos y que Benedicto se disfrazó como tal para seducirla. Está diciéndole a los espectadores que la hará infeliz en la vida. Es lo que se llama en teatro un signo de indicio o un presagio de lo que sucederá. El

Caballero 2 lo confirma cuando exclama: "¡Toña ya no es Toña!"

ℒ𝒆𝒈𝒖𝒏𝒅𝒐 𝒜𝒄𝒕𝒐

Estamos ahora en 1958, han transcurrido, por consiguiente, 48 años desde el primer acto. Marta, la hija de Toña, vive en el Condado. Ha enviudado de un comerciante asturiano que la maltrataba, pero a ella no le importaba porque casó con blanco para tener hijos de ese color. En cierta forma ha progresado, gracias al tesón de Mamá Toña. Ésta lo deja saber: "Marta tuvo la dicha de estudiar y casarse, y vivir en la sala. Le aguantó muchas malacrianzas al oso de Asturias; pero nunca fue arrinconada en la cocina". Su hija, Clarita, tiene unos veinticinco años y tras graduarse de la universidad trabaja con una empresa en la que, entre otras obligaciones, le corresponde atender a los vendedores que envían de Estados Unidos.

A Marta le obsesiona la raza, no ha podido conseguir la felicidad porque constantemente tiene que fingir, por eso oculta a Mamá Toña de los vecinos, no la deja salir al jardín y tiene que encerrarse en el cuarto cuando llegan visitas. Además, cubre su cabeza con un turbante para esconder su pelo rizo. Es oportuno destacar que en ese tiempo estuvo de moda el que las mujeres usaran turbantes. Ella le explica esta realidad a su hija: "Me avergüenzo de estas escenas. No quisiera obligar a mamá..., pero este mundo, este horrible mundo que mutila almas con palabras como negro y mulato, me exige protegerte con decisiones crueles. Tan pronto te cases, me mudaré con ella al palmar. No se repetirán estos ruegos que me corroen la lengua". Pero Mamá Toña le increpa que no ha alcanzado la felicidad por el "mundo de máscaras" en que vive.

A como dé lugar, Marta quiere que su hija se case con un americano, ¡nada menos que un sureño de Alabama!, para que sus nietos no tengan sangre africana. Mamá Toña en forma irónica le recalca el racismo en ese estado: "¿No es por ahí donde linchan a la gente de color?" Marta quiere que Clarita se vaya a los Estados Unidos para librarla del fantasma de los prejuicios raciales de Puerto Rico, de esa forma no se conocerían sus ancestros negros y ella estaría tranquila. Según se puede apreciar, a Marta esto le angustia inmensamente. Como dice Clarita: "Mamá creció con la doble vergüenza, en lucha consigo misma. El temor de ser humillada le torció temprano su fondo de bien. Con los días, agrios rencores, sordas angustias, se apoderaron de su ánimo. Llegó a sentir que había perdido el derecho a la felicidad, pero decidió rescatarlo para su hija. Lo anhela ciegamente".

De todo esto se desprende la infelicidad de Marta, porque vive en un mundo ficticio e inauténtico. Ella no se acepta a sí misma y vive escondiéndose siempre para que no descubran su gran secreto: el tener sangre africana. El dramaturgo plantea una realidad existencial muy importante, cada persona debe aceptarse tal como es. De nuevo es Clarita quien clarifica el estado anímico de su madre: "De esos males nací yo, más blanca que todas. Pronto sufrí la pena de una vida rota por secretas fugas. Luego descubrí torturas parecidas en mucha gente puertorriqueña. Mucha, mucha..."

En la playa de Luquillo, Clarita ha descubierto que Bill es un racista furibundo y si ella se llegara a casar con él no podría ser ella, tendría que vivir con "máscaras" como han vivido su abuela y su madre. Bill le confesó que si llegara a tener una novia con sangre africana: "Pienso en mis padres, gente rancia del sur, batalladores por la supremacía blanca. Bastará una revelación, un descubrimiento inesperado, para ganarme su eterno enojo. Hasta la muerte podría provocarles". Esta fue la razón principal por la que Clarita se distanció de Bill.

Este segundo acto es revelador porque da a conocer a los espectadores todo el trasfondo existencial de estas tres mujeres, así como su forma de pensar. Marta esconde todo vestigio de sangre africana y vive obsesionada con eso. Mamá Toña vive encerrada en la casa, no puede ser ella, por eso desea irse a Loíza Aldea. Clarita es una muchacha que piensa, comprende toda la desgracia que ha vivido su núcleo familiar. Bill es un racista furibundo.

Tercer Acto

Hasta ahora se ha visto el conflicto. Una madre que oculta su sangre africana para que su hija no sufra los prejuicios raciales y quiere que se case con un americano "puro" sin mezcla de raza. Ahora en este acto tendremos el desenlace de la obra. Arriví hace que el pretendiente de Clarita sea un sureño intransigente para acentuar lo racial, pues si hubiera sido de otro estado del norte a lo mejor se hubiera casado con ella.

Mamá Toña se quiere ir de la casa para vivir en un asilo, ella no aguanta más la infelicidad que se vive en la casa. Esta escena sirve para resaltar el cariño que Clarita le tiene y es ésta quien más insiste en que se quede. Esta joven es un personaje que está muy seguro de sí mismo y lo demuestra con el disco que le regala a la abuela. Ella nos explica cómo ha interiorizado la situación en que vive su familia: "He pensado mucho desde niña. Los choques de esta casa me han hecho cavilar día y noche. Todo ha sido intranquilidad, nervios, violencias: los gritos e insultos de papá, tus arranques y tus lágrimas, las protestas y pesares de Mamá Toña..."

Resulta muy significativo el sacrificio que la madre está dispuesta a hacer, no ver a su hija, con el fin de que ella se case, porque así cree que será feliz. Clarita prácticamente ha roto con Bill, pero la madre lo invita a la casa para favorecer el enlace. Este acto acontece unos minutos tras finalizar el anterior. En el diálogo que sostienen Marta y Bill, ella se muestra tan racista como el sureño. Al punto de afirmar: "Se halla usted en una casa de blancos puros". El peso de este acto lo lleva el personaje de Clarita. Si ella aceptara seguir el juego de la madre, tal como se sugiere de la conversación entre ésta y Bill, entonces no habrá conflicto. Si se niega a seguirlo habrá un gran problema. Esto se vislumbra cuando Marta le dice en broma a Bill: "Hay un ciclón formándose al este del Mar Caribe". Es un signo de indicio que pone el dramaturgo para alertar a los espectadores de lo que sucederá. Clarita le dice sin titubeo alguno a su pretendiente: "Mamá tiene sangre africana" y aquí se desata la tormenta. Es el punto clave de este acto y de toda la obra. Lo que sigue es el desenlace.

Clarita es una muchacha que piensa, hace esto porque no desea vivir "enmascarada" como la abuela ni como la madre. Les explica a éstas: "Me asqueaba la absurda y estúpida debilidad de pasar por blanca. Una suciedad mortificante me invadía el cuerpo y no me dejaba ser como soy". Ella renuncia a vivir con "máscaras" y se acepta tal como es sin menoscabo alguno. Le invita a la madre a que sea ella misma: "Mamá, vivamos de frente a esa realidad puertorriqueña. Son los disfraces que convierten al país en una pesadilla de máscaras. Nos sobrarán fuerzas para vencer este embrujo de vejigantes y buscar una dicha real". Clarita está segura de que las tres pueden ser felices aceptándose como son. Le dice a la madre: "Media vida ha ocurrido en la sombra y la otra mitad no ha salido del todo a la luz. He tenido la impresión de que nunca gozaremos unas horas de paz [...] Me niego a creer que abuela, tú y yo no podamos convivir... Me niego..."

A través de estas palabras de Clarita, Arriví afirma que la felicidad y la tranquilidad espiritual de las personas no se logran por su condición racial o social, sino por la autenticidad existencial. Y Mamá Toña lo recalca en forma plástica utilizando de ejemplo a dos animales: "La felicidad se busca con los ojos bien abiertos, como el múcaro a la lombriz, no como el perro, menea que te menea la cola, porque teme la patada". De esta forma nuestro dramaturgo ha denunciado una cruda realidad social de Puerto Rico y ha dado una solución para la tranquilidad existencial de cada individuo.

Roberto Fernández Valledor

Vejigantes

Estrenado en el Teatro Municipal Tapia, de San Juan,
el 29 de mayo de 1958, durante el Festival de Teatro del Instituto de
Cultura Puertorriqueña, con el siguiente reparto, en el orden que aparecen:

*R*eparto

TOÑA	*Lucy Boscana*
BENEDICTO	*José Luis Marrero*
MÁSCARA LOCA 1	*Ramón Arbona*
MÁSCARA LOCA 2	*Ulpiano Rivera*
CABALLERO 1	*Joaquín Collazo*
CABALLERO 2	*Luis Rafael Sánchez*
MARTA	*Mona Martí*
CLARITA	*Mercedes Sicardo*
BILL	*Kirkwood Jarman*
Máscaras locas	*Joaquín Peña, José García Tañón, Martín Padilla, Eddie Fernández Cerra, Juan González, Reinaldo Medina, Aristeo Rivero Zayas.*
	Ángel Rivera
Timbaleros	*Caballeros de la Bomba*
Actuación especial de	*Aida Lois*
Dirección	*Nilda González*
Escenografía	*Rafael Ríos Rey*
Vestuario	*Myrna Casas*
Iluminación	*Edwin Silva Marini*
Utilería	*Luis Calvo*
Sonido	*Wilfredo García*
Ayudante del director	*Elsa D. Román*
Baile del primer acto	*Ballets de San Juan*
Vestuario de Máscaras y Caballeros	*Cortesía de Ballets de San Juan*

Primer acto

año de 1910, en un palmar de Loíza.

𝒫*RIMER* 𝒜*CTO*

Escenario a oscuras. Se escuchan al fondo, creciendo desde la nada, golpes de bomba sobre las timbas llamadas Consentida y Malcriada. El coro de timbaleros canta incesantemente la misma estrofa:

TIMBALEROS
Joyalito, ay, Joyalito,
Joyalito, ay, Joyalito,
te olvidaron en el puente.

Luces policromas de un atardecer cálido definen, primero, la llama flotante de un flamboyán; luego, un bohío de pajas contra el friso de cocoteros franjeado de mar violeta.

En el batey de arenas playeras, entre el segundo y tercer término, las manos de los Timbaleros arden sobre los cueros de las timbas.

TIMBALEROS
Joyalito, ay, Joyalito,
Joyalito, ay, Joyalito,
te olvidaron en el puente.

Los Timbaleros, contorsiones de carne achocolatada, visten a usanza de la primera década del siglo XX: pañuelos multicolores en la cabeza, camisas y pantalones de hilo blanco. El «santo» que los posee espasmódicamente ha desabotonado sus camisas. Golpean con los pies, abultados y callosos, las arenas de sílice dorado.

Toña, mulata oscura de cuerpo tenso y frescote como una palmera moza, irrumpe en el centro de la escena y ríe excitadamente mientras escruta los alrededores. Su rostro chispea gracia y salud animal. Viste jubón de avispa y falda voladiza hasta el tobillo. Cubre su cabeza con un pañuelo de colores.

TIMBALEROS
(*Al unísono, con alegría.*)
¡Toña!

Toña saluda con la mano. Remira hacia las palmas al tiempo que los Timbaleros cuelan su entusiasmo en Joyalito.

TIMBALEROS
Joyalito, ay, Joyalito,
Joyalito, ay, Joyalito,
te olvidaron en el puente.

Toña se acerca a la izquierda, juguetonamente recelosa, y de pronto echa a correr hacia la derecha con una carcajada. Desaparece.

Poco después, un Vejigante aparece por la izquierda, se planta en medio del escenario y explora los alrededores. Acusa un movimiento tambaleante de persona ebria. Descubre a Toña entre las palmas y desaparece en pos de la mulata cuya risa se escucha todo el tiempo.

TIMBALEROS
Joyalito, ay, Joyalito,
Joyalito, ay, Joyalito,
te olvidaron en el puente.

Toña irrumpe en el escenario nuevamente, esta vez desde la derecha, seguida de cerca por el Vejigante. Ríe con gusto y complacencia a medida que le hace describir círculos al monstruo. Desaparece por la izquierda con el Vejigante a los talones.

TIMBALEROS
Joyalito, ay, Joyalito,
Joyalito, ay, Joyalito,
te olvidaron en el puente.

Toña cruza en veloz carrera por detrás del bohío seguida por el Vejigante, un poco apartado ahora. Desaparecen por la derecha lejana.

TIMBALEROS
Joyalito, ay, Joyalito,
Joyalito, ay, Joyalito,
te olvidaron en el puente.

Toña entra rápidamente a la medialuna formada por las timbas, se detiene y escruta el palmar nuevamente.

El Vejigante aparece desapercibido de Toña, por detrás del flamboyán a la derecha. Se detiene junto al tronco. Hace equilibrios por contemplar la esplendidez física de la muchacha.

Toña se vuelve y su vista choca con el monstruo cornudo, quien ríe estentóreamente. La muchacha termina por reír también con toda su lozanía y joven animalidad.

Un Timbalero, viejo entre jóvenes, se incorpora impulsado por el «santo». El resto suspende el canto.

TIMBALERO
(*Sobre los golpes de bomba.*)
Baila la bomba, Toña.

CORO
Baila. negrola.

Toña mantiene los ojos fijos en el Vejigante, quien la invita a acercarse con un movimiento simultáneo de ambas manos enguantadas.

TIMBALERO
(*Marcando el ritmo con el cuerpo.*)
Baila la bomba, Toñita.

CORO
Baila, negrola.

Toña se vuelve hacia los timbaleros.

CORO
Baila, negrola, baila.

Toña ojea de medio perfil al Vejigante y comienza a marcar los golpes de bomba con la cabeza.

CORO
Baila, negrola, baila.

Toña se toma dos puntas de la falda voladiza, saluda con un golpe de cuerpo a la Consentida, luego a la Malcriada, finalmente al Vejigante, y se entrega al baile de bomba. Los Timbaleros inician el canto otra vez.

TIMBALEROS
Joyalito, ay, Joyalito,
Joyalito, ay, Joyalito,
te olvidaron en el puente.

El Vejigante se zarandea grotescamente en un intento de imitar las agilidades musculares de la mulata.

Toña, en un crescendo de compulsiones rítmicas, se acerca al Vejigante y le recorta frente a frente insinuantes figuras de la bomba.

El Vejigante, alucinado por las incitaciones, bailotea dislocadamente. Ante una figura relampagueante que Toña repite y repite, presa ya del ritmo, el monstruo se arranca la careta cornuda. Queda al descubierto la cara sonrosada y bigotuda de Benedicto, un gallego treintón encandilado por los humos alcohólicos.

BENEDICTO
(*Estentóreo.*)
¡Viva España y Puerto Rico!

TIMBALEROS
(*Impertérritos.*)
Joyalito, ay, Joyalito,
Joyalito, ay, Joyalito,
te olvidaron en el puente.

BENEDICTO
(*Más estentóreo aún, enarbolando la careta.*)
¡Viva Alfonso XIII y Toña de Loíza!

Toña ríe, y baila que baila, se aleja del español, quien se ha puesto la careta y sigue a la mulata con tumbos descompasados hasta la medialuna de timbas.

BENEDICTO
(*Cabeceando detrás de la cintura de Toña.*)
Baila, negrola, baila.

TOÑA
(*De espaldas al vejigante.*)
Baile, gallego, baile.

BENEDICTO
(*Intentando agarrar a Toña.*)
¡Santiago y cierra España!

TOÑA
(*Librándose del gallego con una figura de bomba.*)
Baile, gallego, baile.

El Vejigante trata de acoplar pasos inarmónicos que Toña avista sonreídamente con el rabo del ojo.

BENEDICTO
(*Con un nuevo avance lúbrico.*)
¡Santiago y cierra España!

TOÑA
(*Librándose otra vez.*)
Baile, gallego, baile.

Se escucha una marea de voces emitidas en falsete e irrumpen Máscaras Locas —hombres vestidos de mujer con cara tiznada— de la fiesta santiaguina. Se detienen, revuelo de caras negras y, mulatas, frente a la visión de Toña y el Vejigante. Ríen con ahuecamiento de cotorras, comentan en tonos agudos sobre la pareja y terminan por empujarse al baile con gran chismorreo y contento.

Toña se mueve con suprema gracia y agilidad entre las máscaras. El Vejigante la persigue tozudamente, a puro traspiés, choque tras choque contra las «Locas», quienes simulan gestos de enojo y apoyan la actitud con rápidas conversaciones en falsete.

TIMBALEROS
Joyalito, ay, Joyalito,
Joyalito, ay, Joyalito,
te olvidaron en el puente.

El Vejigante intenta agarrar a la mulata en varias ocasiones sin conseguirlo. Opta por bailar en el centro de los danzantes y hacerse el desentendido. Toña se le acerca peligrosamente y lo banderillea. En un descuido de la mulata, quien se confía demasiado, febril ya por el empujo del ritmo y la incontenible penetración de la noche, el Vejigante logra agarrarla. Forcejean. Toña se libra con un empujón que vuelca al Vejigante boca abaja. Aprovecha la consiguiente bulla y risa de las «Locas» para dispararse del baile y desaparecer entre las palmas de la izquierda.

TIMBALEROS
Joyalito, ay, Joyalito,
Joyalito, ay, Joyalito,
te olvidaron en el puente.

El Vejigante se incorpora. Busca a Toña entre las máscaras e inicia un movimiento para separarse del grupo. Algunas «Locas» lo agarran y lo hacen bailotear contra su gusto. En una de las vueltas, alcanza a ver a Toña, quien se aleja rápidamente.

BENEDICTO
¡Toña! ¡Negrola!,
No me niegues tu melao.

El Vejigante se libra de las máscaras, que ríen y chillan en falsete, y corre a tumbos detrás de la mulata. Desaparece.

Las «Locas» se desparraman junto a la izquierda a curiosear la persecución. La comentan excitadamente con gran escarceo de cotorras.

Los Timbaleros, poseídos totalmente del «santo», abofetean violentamente el cuero de las timbas y vierten el canto en erupciones telúricas.

LOCA 1
(*Mirando hacia el palmar.*)
No la alcanza.

LOCA 2

La alcanza.

LOCA 1

Se le pierde en el matorral.

LOCA 2

La alcanza.

LOCA 1

(*Empujando a la máscara cómicamente.*)
¿Por que tú crees que la alcanza?

LOCA 2

Porque Toña se dejará alcanzar.

LOCA 1

¿Y por qué Toña se dejará alcanzar?

LOCA 2

Porque le gusta el gallego.

LOCA 1

¡No me digas! Ha dicho que no le hace caso.

LOCA 2

Haciéndose y gustándole. ¿Me entiendes?

LOCA 1

Pues claro que te entiendo, mascarita. Haciéndose y gustándole. (*Ríe.*)

LOCA 2

(*Con voz natural.*)

Van días que ese gallego arde por Toña.

LOCA 1

¡Jesús, mascarita! No hables con voz de hombre. Me asustas...

LOCA 2

(*Con voz natural.*)
Hoy tiene el diablo por dentro y le echará mano en el matorral.

LOCA 1

(*Llevándose los dedos índices a los oídos.*)
Déjame taparme los oídos.

LOCA 2

(*Con voz natural.*)
Estos españoles siempre nos llevan las prietas más guapas.

LOCA 1

(*Retirando un dedo índice.*)
¿Qué dijiste, mascarita?

LOCA 2

(*Subiendo la voz.*)
Estos españoles siempre nos llevan las prietas más guapas.

LOCA 1

¿Y te apuras? Ya sabemos que las mulatas se desvelan por los blancos.
(*Invitando a la comparsa.*)
¡A bailar, a bailar!
*Las «Locas» se entregan al baile de bomba con gran ímpetu y algarabía.
La «Loca 2» permanece inmóvil, los ojos fijos en el palmar.*

LOCAS

*Joyalito, ay, Joyalito,
Joyalito, ay, Joyalito,
te olvidaron en el puente.*

Las sombras disuelven las luces policromas del atardecer. Desaparecen las «Locas», los Timbaleros, el bohío, el friso de palmas y la franja de mar violeta. Permanece la llama del flamboyán, fuego inmóvil en el cerco de tinieblas.

El canto y los golpes de bomba aumentan desde fuentes invisibles. Se sostienen unos segundos y, luego, receden a un término lejano, al tiempo que gana sonoridad un extendido «pizzicato» de coquíes sobre estridencias de grillos y «esperanzas».

Una luz plateada de luna, que atenúa el fuego del flamboyán, descubre a Toña y al Español.

Toña aparece sentada en las arenas. Se apoya en su brazo izquierdo con dejadez. El pañuelo con que cubría sus duros moños, desgreñados ahora, se descuelga de un matojo. Su jubón y su falda revelan estrujamientos y violencias. Fija la vista en las arenas frente a sí.

El Español, vestido con camisa vasca y pantalones de bayeta, ajusta una boina a su cabeza. Un resto de borrachera le provoca débiles tumbos; pero ya mira a Toña sin deseos. Se decide a recoger los guantes, el disfraz y la careta de vejigante, dispersos al rededor de la muchacha. Les sacude la arena y, luego, contempla a Toña un instante.

BENEDICTO
No hay que afligirse. Estas cosas tienen arreglo.

Toña guarda silencio.

BENEDICTO
(*Subiendo la voz.*)
He dicho que estas cosas tienen arreglo. Mañana hablaré con tu padre.

Toña levanta la cabeza lentamente. Reprime una tímida esperanza.

BENEDICTO
(*Enfáticamente, buscando impresionarla.*)
A primera hora.

TOÑA
(*Débilmente, con temor de expresar su verdadero sentimiento.*)
Yo no debo volver a casa.

BENEDICTO
¡Claro que volverás!

TOÑA

Usted conoce a papá. Sería capaz de picarme con el machete.

BENEDICTO

Vaya si le conozco. Le he comprado miles de cocos para la tienda. Acostumbra henderlos de un solo tajo.

TOÑA

Hará igual conmigo.

BENEDICTO

Entonces piensa. Si te abandona la calma para hacer lo que debe hacerse, nos enterrarán a los dos. Tanto, por una locura común de hombre y mujer. Medio barrio ha nacido de amores como éste.

TOÑA

¿Qué hago?

Benedicto guarda silencio unos segundos.

BENEDICTO

(*Después de tomar una decisión, arrodillándose junto a Toña.*)
Escúchame con atención y no me discutas.

Toña lo estudia con recelo.

BENEDICTO

¡Ánimo, muchacha! Te aseguro que saldrás de este lío.

Toña espera.

BENEDICTO

En primer lugar, te compones la facha del pelo y el traje. ¿Estamos de acuerdo?

Toña guarda silencio.

BENEDICTO

¿Qué le pasa a tu lengua? ¿Se la comieron los ratones?

TOÑA

(*Sin expresión.*)
Ya me arreglaré.

BENEDICTO

¡Estupendo!... En segundo lugar, pasas por el baile de bomba como si nada hubiera sucedido. Le informas a la gente que..., que yo no pude alcanzarte... ¿Entendido?

TOÑA

(*Comenzando a intuir las intenciones del Español.*)
Veo.

BENEDICTO

¿Qué ves?

TOÑA

(*Con un movimiento de hombros.*)
Nada.

BENEDICTO

¡Ánimo, muchacha! (*Después de vacilar un instante.*) Pues bien. Bailas un rato y luego te diriges a casita. Como de costumbre, pides la bendición a tus padres, das las buenas noches y te acuestas a dormir.

TOÑA

(*Mecánicamente.*)
A dormir...

BENEDICTO

(*Incorporándose.*)
Claro. Con absoluta fe de que mañana me ves por el barrio. Tempranito.

TOÑA

Gracias.

BENEDICTO

Si oyes mis consejos, no te pesará.

TOÑA

(*Sin esperanza.*)

¿Y qué piensa decirle a papa?

BENEDICTO

¿A tu padre?... (*Se incorpora y la contempla unos segundos.*) Harás un esfuerzo por no enojarte. En ese momento, necesito toda tu presencia de ánimo. Nada de nervios. Si alguna indiscreción hace sospechar a tu padre, adiós cabezas de Toña y Benedicto. De eso estoy tan seguro como que reina Alfonso XIII y los yanquis nos birlaron a Puerto Rico hace diez años.

TOÑA

(*Duramente, con intención de hacerse daño.*)

¿Qué piensa decirle?

El Español guarda silencio.

TOÑA

(*Por no llorar.*)

¿Qué?

BENEDICTO

(*Después de una pausa, bajando La voz.*)

¿Te gustaría lavarme la ropa y hacerme la comida?

TOÑA

(*Herida.*)

¿Eso?

BENEDICTO

(*Extendiendo una mano.*)

No lo interpretes de esa manera. Hay razones para este proceder.

Toña rompe a llorar.

BENEDICTO

¡Vaya! Ninguna piensa con la cabeza. Ni blancas, ni prietas. (*Conciliador*) ¿A qué viene el llanto, si me propongo arreglar el asunto? *Toña se vuelve llora de espaldas al Español.*

BENEDICTO

No debes tomar a mal que te lleve de ese modo. ¿Cuántas de este barrio no empezaron así y hoy exhiben lujos por las aceras de San Juan? *Toña se deja caer sobre los brazos y llora incontenibleamente.*

BENEDICTO

(*Arrodillándose nuevamente.*)

Hay una casita de madera detrás de la tienda. Podrás disponer de ella todo el tiempo que desees.

Toña menea la cabeza negativamente.

BENEDICTO

Ten calma. Por el momento, me sería imposible llevarte de otra manera. Mi hermano establecido en San Juan, el mayor, armaría tamaño escándalo. Escribiría a España para informar a mis padres. Estos esperan casarme con una muchacha de mi pueblo. No quiero enojar a los viejos. (*Con un movimiento de ambas manos.*) No entienden que uno pueda enamorarse en las Antillas. Dicen que la sangre africana debe quedarse en ultramar.

Toña se incorpora de medio cuerpo y lo mira con un orgullo bañado en lágrimas.

TOÑA

Si lo desea, no tiene que cargar conmigo. Más parece que trata con una bestia que con una mujer.

BENEDICTO

(*Con decisión.*) ¡Paz en la tierra! No pierdas el único camino que nos puede juntar. Es cierto que pediré a tu padre que te emplee de sir-vienta, ¡vive Dios! , no queda otro remedio, pero allá en la tienda, cuando haya terminado la faena del día nos encontraremos a solas, Toña será para mí, la prieta más guapa y mejor bailadora de bomba.

TOÑA
(*Con desprecio.*)
¡Puerco!

El Español ríe.

TOÑA
(*Con ira.*)
¿Qué piensa hacer si nace una criatura?

BENEDICTO
Hablaremos luego de ese tema.

TOÑA
Dígame: ¿qué piensa hacer si nace una criatura?

BENEDICTO
(*Después de una pausa.*)
Ya vestirá, y comerá.
La toma en los brazos y trata de besarla. Toña forcejea. Se escuchan voces de hombres que se acercan. El Español mira hacia la izquierda y se incorpora.

BENEDICTO
(*Después de poner atención a las voces.*) Ya sabes. Por la mañana. Nada de nervios. Sirvienta en el día, pero reina en la noche. Con el tiempo, si las cosas cambian, ¡quién sabe si pueda arreglarlo mejor! (*Se pierde en las sombras de la derecha.*)

Toña mira al vacío unos segundos, luego vuelve la cabeza en pos del Español.

Entran dos Caballeros por la izquierda. Los disfraces, adornados con espejitos y cintas multicolores, relumbran fantásticamente en la luz de la luna.

CABALLEROS
(*Al unísono, con alegría.*)
¡Toña!

Toña se vuelve y los mira.

CABALLERO 1
¿Qué haces por aquí?

TOÑA
Nada. Me eché a dormir en la luz de la luna.

CABALLERO 2
(*Riendo.*)
La misma susuvana de siempre.

TOÑA
¡Es tan bueno dejarse besar por la luz de la luna! Sabe a espuma de mar.

CABALLERO 2
Sería mejor que te dejaras besar por un hombre. Amarra, como la carne del caimito. (*Ríe.*)

TOÑA
Lo pensaré. ¡Hay tanto puerco en el palmar! Ninguno haría soñar lo que soñé esta noche.

CABALLERO 1
¿Y qué soñaste?

TOÑA
Que mi cuerpo se convertía en un níspero maduro.

CABALLERO 1
¡Hum! ¡Tú estás enamorada!

TOÑA
Un cuchillo de fuego abrió en dos el níspero.

CABALLERO 1
Veo. Te quedaste dormida (*señalando el flamboyán*) mirando el flamboyán. Dicen que éstos se enamoran para el tiempo de la florecida.

Y que necesitan besar y besar hasta cubrir de flores la última rama.

TOÑA
Eso dicen...

CABALLERO 1
¿Y qué más soñaste?

TOÑA
Del almíbar nació una niña más blanca que yo.

CABALLERO 2
El sueño de todas las prietas. Hijos blancos... Dicen que el gallego Benedicto te ha perseguido por el palmar.

TOÑA
(*Incorporándose.*)
Un rato.

CABALLERO 2
¿Dónde está?

TOÑA
(*Señalando hacia el frente.*) Lo dejé enredado en una mata de mayas. (*Limpiándose de arenas.*) Si hubieran visto cómo pataleaba y sacudía los cuernos...

Los Caballeros ríen.

TOÑA
(*Tomando el pañuelo multicolor de la mata.*)
Parecía un demonio agarrado por la mano de Dios.

CABALLERO 2
Si te molesta mucho, cuenta conmigo. He jurado darle una pela como se pase de la raya.

TOÑA

(*Arreglándose el jubón.*) Me dejo echar flores, pero no me gusta. Tiene cara de tomate desteñido y más bigotes que diez gatos juntos.

CABALLERO 2

Estos gallegos nos quieren de afuerita. En mirando negro o canela, se les priva el alma.

TOÑA

(*Agitando el pañuelo.*)
¿Bailamos bomba, negrolos?

CABALLERO 1

¿Y quién se le niega a Toña? La prieta más querida del palmar.

TOÑA

(*Con una palmada.*) ¡Pues a bailar en la noche de Santiago!

Los Caballeros comienzan a marcar el ritmo de «Joyalito» con las manos. Toña se toma dos puntas de la falda voladiza, saluda a una y otra máscara, y se entrega al baile de bomba. Los Caballeros le ceden el centro y bailan a derecha e izquierda de la mulata.

Las Máscaras locas entran bailando desde todos los ángulos. Rodean a Toña y a los Caballeros.

LOCAS

¡Toña!... ¡Toña!... ¡Toña! ... ¡Toña!...
El canto de «Joyalito» y los golpes de timba se acercan al primer, término.

TIMBALEROS

(*Invisibles.*)
Joyalito, ay, Joyalito,
Joyalito, ay, Joyalito,
te olvidaron en el puente.

TOÑA

(*Sola.*)
Joyalito, ay, Joyalito,
Joyalito, ay, Joyalito,
te olvidaron en el puente.

CABALLEROS Y LOCAS

(*A coro.*)
Joyalito, ay, Joyalito,
Joyalito, ay, Joyalito,
te olvidaron en el puente.

TODOS

Joyalito, ay, Joyalito,
Joyalito, ay, Joyalito,
te olvidaron en el puente.

Durante unos minutos se escuchan las timbas solamente. Toña recorta figuras de bomba por todo el ámbito del escenario. Se ayuda con el pañuelo para acentuar las figuras. En una ocasión, cuando se encuentra al centro del escenario, rompe a cantar sola mientras su cuerpo se convierte en un estallido de fiebres.

TOÑA

Joyalito, ay, Joyalito,
Joyalito, ay, Joyalito,
te olvidaron en el puente.
Se detiene súbitamente y arroja el pañuelo al aire con un grito.

TOÑA

¡Viva Santiago Apóstol! (*Permanece inmóvil.*)
Las Máscaras se detienen y miran a Toña.

TOÑA

(*Después de recorrer el ámbito con la mirada.*)
Buenas noches.
(*Se dirige a la izquierda.*)

CABALLERO 1

No te vayas, Toña.

TOÑA

(*Junto a la izquierda.*)
Tengo que acostarme temprano.

CABALLERO 1

Siempre has bailado toda la noche. La luz de la mañana te encontró debajo del flamboyán.

TOÑA

Hoy se me cierran los ojos.

LOCA 2

(*Con voz natural, acercándose.*)
Te ves muy cansada, Toña.

TOÑA

Los flamboyanes tienen la culpa, mascarita. Se empeñan en besarme, los muy...

Las Máscaras ríen. Toña desaparece.

CABALLERO 2

(*A la Loca 2.*)
No me engaña. ¡Toña ya no es Toña!

LOCA 2

(*Con voz natural.*)
Yo sabía que el gallego...

CABALLERO 2

¿Lo quiere?

LOCA 2

(*Con voz natural.*)
Bebería sales por él.

CABALLERO 2

Entonces..., crucemos los brazos.

LOCA 2

¡Pronto se irá del palmar!

CABALLERO 2

¿Tú crees?

LOCA 2

¡Pronto! ¿No le viste la mirada?

CABALLERO 2

Llorosa...

LOCA 2

Un vejigante se le ha metido en el alma.

LOCA 1

(*En falsete.*) ¡A bailar, mascaritas! (*Bailando grotescamente, en falsete.*)

> *Joyalito, ay, Joyalito,*
> *Joyalito, ay, Joyalito,*
> *te olvidaron en el puente.*

Todos, excepto el Caballero 2 y la Loca 2, que permanecen inmóviles, los ojos en pos de Toña, se entregan al canto y al baile.

> *Joyalito, ay, Joyalito,*
> *Joyalito, ay, Joyalito,*
> *te olvidaron en el puente.*

El canto de los Timbaleros y los golpes de bomba receden a un término remoto como si el tiempo los arrinconara en el pasado. La luz de la luna, al desvanecerse, desdibuja a las Máscaras que desaparecen totalmente.

Al cerrarse el telón sólo se vislumbra la llama flotante del flamboyán. Se definen el «pizzicato» de coquíes y las estridencias de grillos y esperanzas. A lo lejos durante el entreacto, persiste el golpear sobre las timbas.

Segundo acto

*año de 1958,
en una residencia del Condado.*

$\mathcal{S}$EGUNDO $\mathcal{A}$CTO

Al descorrerse el telón, se desvanece el golpear sobre las timbas.

Aparece una sala de arquitectura moderna amueblada al estilo de la época: sofá, butacas y una mesa de centro sobre la cual descansa una pequeña radiola. La mesa permite un espacio para ceniceros y otros usos. Salida al comedor y a la cocina por un claro a la izquierda. Entrada de la calle por un amplio claro rectangular al fondo. A lo largo del pasillo, se dibuja una reja ornamental que descubre el jardín de flamboyanes florecidos y otras formas de vegetación tropical. Algunas viviendas del Condado acusan su silueta detrás de los flamboyanes. Una puerta enrejada, en armonía con el claro del fondo, permite la entrada al jardín.

En el recodo de la pared izquierda y el fondo, se distingue un gran retrato fotográfico de Benedicto a los cincuenta años. Las patillas y el bigote canosos del gallego contrastan con la boina negra.

En el recodo de la pared derecha y el fondo, se distingue el cuadro al óleo de un español cuarentón de aspecto plantígrado, cutis sonrosado y pelo castaño.

La sala se recorta en penumbra. Los claros se definen por luces reflejas. Un plateado relumbre de luna acusa los flamboyanes del jardín y el diseño de la reja.

Mamá Toña, la Toña del palmar, cuarenta y cinco años después, se enmarca en el claro del fondo y enciende la lámpara central de la sala. La luz descubre el contraste de su tez achocolatada con el algodón del pelo, recogido en duros moños detrás de las orejas. Su cuerpo aunque un poco encorvado, conserva agilidad. Viste de blanco.

Mamá Toña se acerca a la radiola. Saca un disco fonográfico de un sobre que ha traído consigo. Hace un esfuerzo por leer el sello del disco, se restriega los ojos y lee nuevamente. Asiente con satisfacción y abre la tapa de la radiola. Pone el disco en el plato giratorio y hace funcionar el mecanismo de éste. Baja la tapa y espera el sonido con una sonrisa entre pícara y alegre.

Se escucha quedamente la bomba titulada «Joyalito», primero un golpear sobre las timbas Consentida y Malcriada, luego la voz que acompaña la percusión.

Joyalito, ay, Joyalito,
Joyalito, ay, Joyalito,
te olvidaron en el puente.

Mamá Toña esboza una sonrisa de gozo. La música le recuerda su juventud cimarrona.

MAMÁ TOÑA

(Contagiada con la música, en voz baja.) Joyalito, ay, Joyalito... (Deja pasar los primeros versos. Uniéndose al canto nuevamente.) Joyalito, ay, Joyalito... (Deja pasar los primeros versos, cantando ahora los tres versos):

Joyalito, ay, Joyalito,
Joyalito, ay, Joyalito,
te olvidaron en el puente.

A medida que canta. Mamá Toña comienza a ensayar, los movimientos característicos de la bomba.

Marta se enmarca en el claro del fondo y contempla a Mamá Toña con disgusto.

Marta cuenta cuarenta y cinco años de edad. Bajo el color sepia de su tez se acusan rasgos negroides revestidos en esta ocasión de una excesiva capa de polvo blanco. Contiene su pelo tenso en un turbante de colores que lo cubre totalmente. Viste un lujoso traje que abotona en el cuello y las muñecas.

Mamá Toña, de espaldas a Marta, se entrega graciosamente al ritmo de la bomba.

MAMÁ TOÑA

(Gozando sin frenos):

Joyalito, ay, Joyalito,
Joyalito, ay, Joyalito,
te olvidaron en el puente.

Marta se afirma el turbante subconscientemente, movimiento que repite a menudo y, luego, apaga la luz del lamparón.

MAMÁ TOÑA
(*Dejando de bailar.*)
¿Quién apagó la sala?

MARTA
(*Acercándose a encender la lámpara de mesa junto al sofá.*) Marta.

MAMÁ TOÑA
¿Y por qué me dejas a oscuras?

MARTA
(*Después de encender la lámpara.*)
No me explico tu manía de meter el sol dentro de la casa.

MAMÁ TOÑA
Pues yo no razono la tuya de vivir como los múcaros. A los difuntos con esa moda. Me gusta verme como soy: algodón y café. (*Se dirige al conmutador del lamparón y Lo oprime.*)

MARTA
(*Después de contemplar la operación y arreglarse una vez más el turbante, mientras se dirige a la radiola.*) ¿Quién te dio ese disco?

MAMÁ TOÑA
Déjalo terminar.

MARTA
(*Alzando la tapa de la radiola.*)
¿Quién?

MAMÁ TOÑA
(*Resignada.*)
Clarita. Sabe que la bomba me encanta y me lo trajo de San Juan ayer tarde.

Marta ha detenido el mecanismo y saca el disco.

MAMÁ TOÑA

A pesar de los pesares, la nieta me tiene cariño. Apenas podía creer que me regalaba un disco de bomba, pero tuve que convencerme. Hasta un abrazo me dio. El primero en muchos días. Se lo agradecí de todo corazón y la pobre se echó a llorar.

Marta guarda silencio.

MAMÁ TOÑA

Marta, hija, la nieta es más buena que el pan.

MARTA

(*Después de una pausa, ofreciendo el disco a Mamá Toña.*)
Toma. Lo guardas en tu cuarto hasta nuevo aviso.

MAMÁ TOÑA

(*Tomando el disco.*) No es para tanto. El título de maestra no te obliga a despreciar la bomba. Tus estudios los luché yo, más que más, una bailadora de esta música. (*Señalando hacia el cuadro de Benedicto.*) Bastante trabajo costó convencer a Benedicto. El muy animalote no quería refinarte. Si no es por mis lágrimas, te quedas como el azúcar negra, con el olor a guarapo.

MARTA

Como, persona educada, debo dar el ejemplo en esta barriada residencial. Es una música, si puede llamarse tal, insoportable.

MAMÁ TOÑA

(*Mostrando el disco.*)No se bailaba otra en Loíza cuando yo me criaba. El gallego de tu padre me enamoró al son de las timbas. El muy correntón cerraba la tienda a las seis del sábado y a bailar se ha dicho. ¡Y qué trompo era el gallegote! Comenzaba a puntear las varillas con el primer vuelo de los murciélagos y daba los últimos tumbos con el sol de la mañana. ¡Cómo atizaba a los timbaleros el muy sinvergüenza! (*Volviéndose hacia el retrato de Benedicto.*) ¡Dios te permita bailar bomba en los palmares de la gloria! (*Después de una pausa en la que recuerda al español.*) Ya ves. Tu padre era español y no tenía remilgos en bailar la bomba.

MARTA
Mamá Toña. Vivimos en el Condado.
(*Señalando hacia el jardín.*) Los vecinos aborrecen esta música. La asocian con...

MAMÁ TOÑA
... gente de color. Mi hija. (*Señalando hacia el jardín.*) Los encopetados de ahí afuera, ¿qué bailan? dime tú, ¿qué bailan? Rumba y mambo. Para casar las parejas en terminando el dale que dale.

MARTA
Te repito que no cuadra en este lugar. Es un alboroto indigno.

MAMÁ TOÑA
Indignos son los meneos que acostumbran los vecinos. Ya he visto sus bailes por las celosías. ¡Guaya que guaya! La bomba se bailaba decentemente. Se hacia la varilla y punto. No se permitían los molinillos de cintura, ni los trapicheos de cadera.

MARTA
(*Terminante.*)
Prohibida en esta casa.

MAMÁ TOÑA
Ya. Ni los años de muchacha me permites recordar. ¿Habrá peor castigo para un prieto que vivir en casa de hijos blancos?

MARTA
(*Extendiendo el brazo.*)
No empecemos.

MAMÁ TOÑA
Ay, mi hija... Yo era feliz en el palmar de Loíza. Jugaba en las arenas blancas, corría suelta frente al mar azul y podía bailar la bomba bajo las flores del flamboyán. ¡Que si podía! La bailaba horas y horas junto al bohío de Ño Peña, el mejor timbalero de Loíza. La gente me formaba rueda y yo hacía primores con este cuerpo. Si hubieras visto cómo me

miraba el fiestero de tu padre. Lagarto detrás de avispa. (*Recortando un paso de bomba.*) Joyalito, ay, Joyalito... (*Mirando a Marta de reojo.*) Nadie me encerraba en el cuarto de atrás.

MARTA
(*Tocada en su gran culpa.*)
¿Y quién te encierra?

MAMÁ TOÑA
Tú. Si pudieras, le echarías candado a la puerta.

MARTA
(*Después de una pausa, luchando contra un relampagueo de bien.*)
Escúchame, Mamá Toña..., y trata de comprender una vez más.

MAMÁ TOÑA
Lo que significa «hazte la dura para seguir aguantando».

MARTA
Hay que tener calma. Ya vendrán mejores días. Antes tenemos que casar a Clarita.

MAMÁ TOÑA
Ya sé por dónde crece el río.

MARTA
Tan pronto se case y parta a vivir en Estados Unidos...

MAMÁ TOÑA
¿Y por qué tan lejos?

MARTA
Quiero que viva fuera de Puerto Rico. Lejos. Donde no la toque el pasado nuestro.

MAMÁ TOÑA
¡Hum! El pasado anda por dentro de uno hasta la hora de dar el piojo. Aquí y en las islas Filipinas.

MARTA

Con su partida, nos mudaremos a los palmares de Loíza. Allí podrás respirar a tus anchas.

MAMÁ TOÑA

Sin Clarita...

MARTA

Su felicidad justifica cualquier sacrificio. Tenemos que darle todas las oportunidades de un mundo mejor.

MAMÁ TOÑA

A veces pienso que debe zambullirse en el nuestro. A la larga, cargará con menos espinas.

MARTA
(*Compulsivamente.*)

No, no. Aquí se vive con el alma encogida. Unos rencores nos condenan. Se sufre sorda, interminablemente.

MAMÁ TOÑA
(*Sentida.*)

Todo por Mamá Toña y un español encandilado.

Guardan silencio unos segundos.

MARTA
(*En voz baja, tratando de no herirla.*)

Escúchame... Esta noche..., dentro de unos minutos ..., nos visita Bill, el pretendiente americano.

MAMÁ TOÑA

Lo barruntaba... Ha bastado con mirar la marea de lujos. (*Hacia el cuadro de la derecha.*) El gordote de tu marido, tan maceta, estará, dando saltos en la tumba.

MARTA

Mamá Toña. Te ruego que consientas una vez más...

59

MAMÁ TOÑA

No gastes más saliva... ¿Qué me esconda en el rincón más oscuro de la casa y aguante el aliento? ¿Eso es? Pues lo aprendí hace tiempo. He tenido que vivir como el juey, asomándome a la boca de la cueva cuando no hay nadie por los alrededores.

MARTA

Tan pronto Bill se entusiasme del todo...

MAMÁ TOÑA

(*Con un gesto hacia el cuadro de la izquierda.*) Ni tu padre, que jamás tuvo que empañetarse (*señalando el rostro de Marta*) la cara con blanquete, me pidió tales humillaciones. Es verdad que nunca se casó conmigo—¡quiera el diablo descontárselo en las pailas del infierno!—, pero me presentaba a muchísimos amigos, y los amigos entendían que yo era su mujer. Y tu marido (*con un gesto hacia el cuadro de la derecha*), ¡ahí la perla de tu marido, un asturianote de almacén más parecido a un oso que a un ser humano, borrachín, mal hablado y abusador contigo, solía pasearme por esta ciudad que mis tatarabuelos defendieron de los ingleses! Eso agradezco al par de españoles que no puedo agradecer (*con una inclinación frente a Marta*) a Su Majestad.

Marta guarda silencio. Mamá Toña se dirige al claro del fondo. Se detiene y piensa un segundo.

MAMÁ TOÑA

(*Volviéndose.*)
Y el tomate pintón, ¿por qué se habrá retrasado?

MARTA

(*Meneando la cabeza.*)
No sé.

MAMÁ TOÑA

Un mes de visitas corridas y después... nubes y tristezas de Clarita durante siete días.

MARTA
¿Cómo sabes de las entradas y salidas de Bill?

MAMÁ TOÑA
Por brujería. Las personas nacidas en Loíza tenemos fama.

MARTA
(*Molesta.*) Te escondiste en el pasillo. Si a Bill se le ocurre pasar al interior de la casa...

MAMÁ TOÑA
¡Quia! No me escondí en ningún pasillo. Lo averigüé por medio del súcubo, Marta y del súcubo... Iban y venían de la sala al cuarto de atrás. Me confesaron que el tomate pintón descubrió el secreto del turbante.

MARTA
No hables más tonterías. (*Se afirma el turbante.*)

MAMÁ TOÑA
Te adelanto que necesito hojas de tártago para alejar un mal espíritu.

MARTA
(*Nerviosa.*) Basta. Comienzas a llenarme la cabeza. (*Se afirma el turbante.*)

MAMÁ TOÑA
(*Después de una pausa en la cual observa el turbante.*) Marta, hija. Eres muy infeliz. Creo que te haré un favor con morirme y dejar escrito que me entierren en la fosa común. Te aliviara del todo.

MARTA
(*Acercándose nerviosamente al claro de la izquierda.*)
Mamá Toña..., Bill no tardará.

MAMÁ TOÑA
(*Sonando los labios con resignada amargura.*) ¡Y dicen que la esclavitud se abolió en el 73! No digo la de mi abuelo. Esa fue abolida

en buena hora, y a triscar sin cadenas, corderos del Señor. Pienso en la tuya. Tu adoración ciega por el pellejo blanco, que no pasa de ser tan pellejo como el mío.

MARTA
(*De espaldas a Mamá Toña, mirando hacia afuera.*)
Tú sabes que defiendo el bien de mi hija.

MAMÁ TOÑA
¿Y qué bien puede traer una cadena de conciencias torcidas? (*Mira unos segundos a Marta y se vuelve hacia el fondo. Vacila entre seguir a preguntar nuevamente. Opta por preguntar.*) Y ese americano... ¿tú crees que tenga buen fondo?

MARTA
(*Sin volverse.*)
Los americanos, por regla general, son personas muy decentes.

MAMÁ TOÑA
Pues mira. He sabido, a los sucusumucos, de muchos cocos rancios... Si éste no presta garantías, lo mejor es que Clarita aguarde y pida a San Antonio otro tomate pintón, digo, si el marido tiene que ser de los Niuyores.

MARTA
Bill no es de Nueva York.

MAMÁ TOÑA
¿Y de dónde?

MARTA
De Alabama. En el sur de Estados Unidos.

MAMÁ TOÑA
¿No es por ahí donde linchan a la gente de color?

MARTA
Se da un caso. Dos. Ya no sucede como antes.

MAMÁ TOÑA
(*Con un movimiento de hombros.*)
¡Gente que llega a esos extremos!... ¡Aunque no pase de un caso!...

MARTA
(*Volviéndose.*)
Mamá Toña. Dejemos la conversaci6n. Bill llegará de un momento a otro.

MAMÁ TOÑA
Ay, Martita... Ten cuidado a qué risco empujas la nieta. La piel engaña como el demonio.

MARTA
Cuando Bill se declare a Clarita, haré las preguntas indispensables.

MAMÁ TOÑA
Pero... (*acercándose a Marta unos pasos*) ¿es que todavía no le ha dicho nada a la muchacha?

MARTA
Nada. Por el contrario, ha dejado de visitarla.

MAMÁ TOÑA
Ya me di cuenta. Desde el día que fueron a la playa de Luquillo.

MARTA
(*Señalando hacia el pasillo.*)
¡Y dices que no averiguas desde ahí!...

MAMÁ TOÑA
(*Después de una pausa.*) Marta. Créeme. Esta vida de máscaras no conduce a la vereda real. Tu padre, vestido de vejigante, me alejó de ella, y ese turbante parece cortado de aquellos colorines.

MARTA
(*Con histerismo*)
¿Por qué, piensa, piensa, me he tornado la iniciativa de invitar a Bill?

MAMÁ TOÑA
¿Has sido tú la que invitaste?

MARTA
Yo.

MAMÁ TOÑA
(*Naturalmente.*)
¿Por qué?

MARTA
Para librar a mi hija de esas máscaras. No quiero que le conviertan la vida en un mal sueño de temores y negaciones.
Mamá Toña se encoge de hombros y echa la cabeza a un lado.

MARTA
Mamá Toña... Bill conviene a Clarita en muchos sentidos. Es blanco sin tacha y reside fuera del país. Si llega a enamorarse seriamente de la muchacha, la sacará de Puerto Rico. En Estados Unidos, Clarita no tendrá nada que temer.

MAMÁ TOÑA
¿Y su conciencia?

MARTA
El nuevo ambiente la curará de estas angustias puertorriqueñas.

MAMÁ TOÑA
¡Hum! Hay gusanos que engordan por debajo de la cáscara.

MARTA
Hagamos por salvarla. Cada una a su modo. ¡Que Bill nos crea

libres de fantasmas!

MAMÁ TOÑA

Hija... EI matrimonio con tantas caretas puede amargar más que el pasote. Tú supiste lo que es candela en las costillas. El asturiano que cargó contigo se creía superior y en los momentos de coraje se le escapaban lindezas contra cierto tipo de puertorriqueños. Viviste junto a él como las pencas secas de las palmas: luchando por no caerte.

MARTA

Por favor, mamá..., no me desesperes.

MAMÁ TOÑA

(*Meneando la cabeza.*)
Martita... Nunca será la paz con nosotras.
Mamá Toña se vuelve hacia el fondo con intenciones de dirigirse a su, cuarto.

Clarita se enmarca en el claro del fondo. Contará veinticinco años. Cabellera ondulante, piel blanca, facciones mediterráneas un poquitín gruesas. Una nota de modernidad recubre su esbeltez de hembra joven puertorriqueña sazonada por, un toque de sangre africana. Sus gestos expresan la blandura y suavidad de su naturaleza profundamente femenina y amorosa que los estudios universitarios han afinado. Viste un traje de noche ceñido al atractivo modelado de su carne.

MAMÁ TOÑA

(*Deteniéndose.*)
Gracias por el disco, hijita.

CLARITA

(*Con dulzura.*)
Ya te traeré otros, abuela.

Mamá Toña sonríe.

MAMÁ TOÑA

Nunca pensé oír en disco a «*Joyalito*».

CLARITA

Es una grabación patrocinada por el Gobierno. (*Dirigiéndose a la mesa del centro, de donde toma un cigarrillo.*) Se ha despertado un gran interés por todo lo puertorriqueño.

Mamá Toña mira a Marta con el rabillo del ojo. Ésta se vuelve hacia el claro de la derecha. Mamá Toña ríe y luego contempla a Clarita, quien enciende el cigarrillo.

MAMÁ TOÑA

Esta noche pareces una reina de España.

CLARITA

Gracias.

MAMÁ TOÑA

Ni la reina María Cristina lució más elegante.

CLARITA

(*Por llevar la conversación.*)
He nacido con suerte.

MAMÁ TOÑA

No digo yo te mereces un americano. Te deben regalar toditos los Estados Unidos.

CLARITA

(*Sentándose en el sofá.*)
Los ojos del alma, abuela, ven maravillas donde no las hay.

MAMÁ TOÑA

No, mi hija. Los ojos del alma ven las verdaderas maravillas. Quien no reconozca en ti la gracia del cielo, bien puede arrojarse a los tiburones. Además de bonita, tienes un corazón de níspero. Esta vieja no se cansa de mirarte.

Marta hace un gesto de impaciencia.

MAMÁ TOÑA
Por eso, si algo te doliera, me dolería a mí también.

CLARITA
Eres un encanto, mamá Toña.
Clarita aspira el humo profundamente.

MAMÁ TOÑA
(*Después de una pausa.*)
Clarita...

CLARITA
Dime, abuela...
Marta se vuelve.

MAMÁ TOÑA
Le aconsejaba a tu mamá que te proteja de novios con ideas (*tocándose la cabeza por detrás*) acá en lugar (*tocándose la frente*) de aquí.

CLARITA
(*Con naturalidad.*)
No entiendo.
Marta mira a Mamá Toña de hito en hito.

MAMÁ TOÑA
(*Restando con la actitud la verdadera intención de la palabra.*) Quise decir, por decir, que muchos americanos, tan pronto ponen pie en Puerto Rico, comienzan a ocultar lo que piensan. Algunos resultan más falsos que la hoja del yagrumo.

CLARITA
(*Sin el más ligero asomo de enfado.*)
¿Piensas en Bill?

MAMÁ TOÑA
Bueno...
Marta contiene un gesto de intromisión y se vuelve hacia el retrato de

su esposo.

CLARITA
(*Después de pensar unos segundos.*)
Tranquilízate. Bill no ha pasado de ser... un compañero agradable.

MAMÁ TOÑA
(*Con la cara ladeada.*)
Has paseado con él días de días. Has bailado noches de noches.

CLARITA
Eso no tiene importancia.

MAMÁ TOÑA
Perdóname que me entrometa, pero hoy no se baila por amor al arte.

CLARITA
El director de la compañía me pidió que acompañara a Bill y lo orientara en la ciudad. Un vendedor de seguros tiene que relacionarse con todos los centros sociales donde acude la gente de negocios.

MAMÁ TOÑA
¡Bonita orden! No te quemaste las pestañas en la Universidad para servir de guía. ¿Y por que el mandón ese no sale a trotar por la ciudad?

CLARITA
Es uno de mis deberes como investigadora social de la compañía. Me toca atender a los vendedores que envían de Estados Unidos. Los llevo al salón de baile en el Condado lo mismo que a la tiendita del mangle.

MAMÁ TOÑA
Me disgustan esos encargos. Tan pronto te canses, aléjate de la compañía de seguros. La gente que hace números con la desgracia de los demás, no debe ser muy católica.

CLARITA

(*Paciente.*)

Abuela..., he cumplido veinticinco años. Hasta ahora he sabido defenderme entre personas de todas condiciones.

MAMÁ TOÑA

Hay remolinos en el mundo, mi hija. Cuando menos lo pensamos, nos encontramos de cabeza hacia el fondo.

CLARITA

Por ejemplo...

MAMÁ TOÑA

(*Dándole rienda suelta a sus pensamientos.*) Casarse por casarse, no vale la pena. Es preferible vestir santos hasta descubrir a un hombre decente. Tú puedes esperar. Te pertenecen la casa y algunas perras que dejó (*señalando hacia el cuadro de la derecha*) el oso de tu padre. En cuanto a dotes de mujer, tienes de vicio para casarte con el hijo del rey. No te dejes engatusar por cualquier tuntuneco con campanillas en los cuernos y el demonio en las intenciones.

MARTA

(*Volviéndose explosivamente.*)

¡Mamá! ¡Haz el favor de callarte!

CLARITA

(*Con un gesto conciliador.*)

¡Déjala!

(*Después de mirar a Marta unos segundos, contumaz.*) Repito que más vale vestir santos que caer en la trampa de las apariencias. Tú, más que nadie, lo has sufrido. Recuerda el infierno (*señalando hacia el cuadro de la derecha*) con ese marqués del tocino.

MARTA

(*Avanzando, histérica.*)

¡Vete a tu cuarto en buena hora!

CLARITA
(*Levantándose.*)
Mamá, no la trates de ese modo.

MAMÁ TOÑA
(*Después de una pausa, firme.*)
Me gritas como si yo fuera un trapo de la calle.

MARTA
(*Ciega.*)
¡Date prisa!

MAMÁ TOÑA
(*Sacudida por la violencia.*)
¿Y si decidiera no retirarme?

CLARITA
(*Levantándose.*)
¡Abuela! ¡Mamá! ¡Cálmense!

MAMÁ TOÑA
(*Señalando el centro de la sala.*)
Si me plantara ahí como una ceiba...

CLARITA
Se hacen daño.

MAMÁ TOÑA
(*Marchando al centro de la sala.*) Aquí..., a los cuatro vientos...,
raíces en tierra y ramas al sol..., como deben sentirse todos los hijos de
esta tierra... Mamá Toña... o Toña, ¡qué más da!..., enterrada en vida
para que Marta, la hija de su vientre, sangre de su sangre, aparente ante
un mundo que no vale tres pepitas de pana.

MARTA
(*Arrebatada por la histeria.*)
¿Qué te propones? ¿Hacerle daño a Clarita?

CLARITA

No hables así.

MARTA

¿O es que te quieres vengar de mí? Contesta.

CLARITA

(*Meneando la cabeza con lástima.*)
Esta clase de vida no puede seguir.

MARTA

Contesta.

CLARITA

(*Firme.*) Te ruego que no prosigas.
Marta mira a Clarita. Impera el silencio.

MAMÁ TOÑA

(*Ha seguido a Clarita con la mirada y ahora contempla a Marta.*)
¡Que muchas locuras escucha el mundo! ¡Chillidos y chillidos de mona!
... ¡Eso!... Has chillado como una mona con rabia... ¡Hacerle daño a
mi nieta!... ¡Vengarme de mi hija! ... ¡Chillidos! ¡Chillidos! ¡Pensar
semejante estupidez de una pobre vieja con un pie en la tumba y el otro
al caer! ... El color de esta piel le enloquece... y no puedes agradecer lo
mucho que le quiero. A ti... (*hacia Clarita*) ya la nieta blanca.

MARTA

(*Vencida por un súbito arrepentimiento.*) ¡Mamá! ¡Mamá! Me
empujas a la desesperación. No sentía lo que dije. Me torturan tantas
ideas... Pienso que Bill (*señalando hacia el claro de la derecha*) puede
abrir esa puerta... Sé paciente y ayúdame. Necesito que me ayudes. No
por mí. Esta vida ya no me pertenece. Por Clarita. Por su felicidad.
Mamá Toña la mira con un asomo de lástima.

MARTA

(*Acercándose a Mamá Toña.*)
Bill no entendería, ¿tú sabes?...

MAMÁ TOÑA
Ya sé...

MARTA
Le bastaría sospechar para huir de esta casa.

MAMÁ TOÑA
Como el diablo se espanta de la cruz.

MARTA
(*Después de una pausa.*) Ya te dije que volveremos a Loíza. Te prometo pasearte por la playa, llevarte a ver los nietos de ÑO Peña, visitar contigo las fiestas de Santiago.

MAMÁ TOÑA
Ya..., ya... Ahora no chillas como una mona rabiosa... Ahora te pareces mucho más, no del todo, a un cristiano.

MARTA
(*Suplicante.*)
Mamá Toña, retírate a tu cuarto. Unas horas solamente.

MAMÁ TOÑA
Ya..., ya... Pero no me ordenes más como hace unos minutos. Y puedes dormir tranquila. Te voy a complacer para siempre. Mañana temprano me iré a un asilo.

CLARITA
(*Extendiendo un brazo.*)
No...

MAMÁ TOÑA
Allí, por lo menos, la desgracia junta a los cristianos. No los tiene, como aquí, a trueno y relámpago. Es verdad que los viejos sueltan más vinagre que los guineos pasados; pero, en fin de cuentas, se hacen amigos, lo que alivia el corazón.

CLARITA

Abuela, tú no saldrás de esta casa.

MAMÁ TOÑA

Clarita, hija. Es lo mejor para todos. Hay una zarza que hinca mucho entre nosotros. Pues machete con la zarza.

CLARITA

No te llames así. Un alma buena como tú...

MAMÁ TOÑA

(*Después de mirarla y destrozar una lágrima imprudente.*) Hay palabras que suenan como el trino del ruiseñor. (*A las dos.*) Sí, mis hijas. Como el trino del ruiseñor en el fresco de la mañana. (*Destroza otra lágrima.*) Gracias, Clarita. Dios te ampare, que no se arrepentirá... (*Piensa unos segundos y luego mira al disco de «Joyalito». A Clarita.*) Toma. Cuando tengas un ratito, escúchalo. Piensa en el canto de los timbaleros:

> *Joyalito, ay, Joyalito,*
> *te olvidaron en el puente ...*

(*Hacia el cuadro de Benedicto.*) Tu abuelo, vestido de vejigante, lo bailó conmigo una noche de Santiago.

CLARITA

(*Tomando el disco.*)

He pensado, abuela, he pensado mucho en esa noche de Santiago.
Mamá Toña se dirige al claro del fondo. Se vuelve.

MAMÁ TOÑA

(*A Marta.*)

Y tú, señorona con turbante, no seas tan día nublado. (*Desaparece por el pasillo.*)
Clarita se dirige lentamente al claro del centro y mira desaparecer a Mamá Toña. Se vuelve y se dirige a la mesa de la radiola, donde pone el disco. Permanece pensativa unos segundos y luego mira a Marta.

CLARITA
(Suavemente.)
Mamá...

MARTA
(*Levantando la cabeza.*)
Dime...

CLARITA
No la dejarás irse.

MARTA
(*Con un movimiento que la aleja de Clarita.*)
Claro que no.

CLARITA
Abuela ha sufrido mucho...

MARTA
He sufrido con ella.

CLARITA
(*Con una convicción que comienza a echar raíces profundas.*) Merece todas las consideraciones. Comenzó la vida con enormes desventajas y pudo hacerte maestra.

MARTA
¿A quién le hablas?

CLARITA
Con lo cual te ganaste un respeto que ella no tuvo. Te sentiste más protegida y más fuerte ante el mundo. Si muchas veces papa no cometió el disparate de abandonarnos, se debió a tu posición de maestra. Insultaba y atropellaba con su lenguaje de almacén, pero, en su fondo, respetaba esa dignidad de tu persona.

MARTA

He reconocido siempre el sacrificio de mamá.

CLARITA

Esta comodidad y el respeto de mucha gente se debe a la voluntad anónima de mamá Toña.

MARTA

Me avergüenzo de estas escenas. No quisiera obligar a mamá..., pero este mundo, este horrible mundo que mutila almas con palabras como negro y mulato, me exige protegerte con decisiones crueles. Tan pronto te cases, me mudaré con ella al palmar. No se repetirán estos ruegos que me corroen la lengua.

CLARITA

(*Tranquilamente, sentándose en el sofá.*)
¿Y cuándo me caso yo?

MARTA

(*Volviéndose lentamente.*)
Bill se notaba muy enamorado. Con un poco de voluntad...

CLARITA

No estoy tan segura.

MARTA

(*Impulsada por su idea fija.*)
¿Cómo? ¿Qué ha pasado entre Bill y tú?

CLARITA

Todo y nada.

MARTA

Dime, ¿por qué se ha retirado?

Clarita guarda silencio.

MARTA
¿Por qué?

CLARITA
No se retiró él. Me retiré yo...

Marta intenta hablar.

CLARITA
Por unos días solamente.

MARTA
No comprendo.

CLARITA
Muy sencillo. Pedí a Bill que no me viera durante un tiempo.

MARTA
¿Sin motivos?

CLARITA
Hay rompecabezas que debemos componer a solas con la conciencia. Tropecé con uno en la playa de Luquillo y me propuse resolverlo. Pedí vacaciones a la mañana siguiente.

MARTA
Esa actitud no es normal en una persona de tu edad.

CLARITA
(*Con aplomo.*)
He pensado mucho desde niña. Los choques de esta casa me han hecho cavilar día y noche. Todo ha sido intranquilidad, nervios, violencias: los gritos e insultos de papá, tus arranques y tus lágrimas, las protestas y pesares de mamá Toña...

MARTA
Ya conocerás un mundo mejor.

CLARITA
(*Con sus pensamientos.*)

Media vida ha ocurrido en la sombra y la otra mitad no ha salido del todo a la luz. He tenido la impresión de que nunca gozaremos unas horas de paz.

MARTA

Lucho esa paz para ti.

CLARITA
(*Meneando la cabeza.*)

Me niego a creer que abuela, tú y yo no podamos convivir... Me niego...

MARTA
(*Acercándose a Clarita.*)

Créeme. Te hace falta la compañía de un hombre sano, sin la mente retorcida que suelen tener los puertorriqueños.

Clarita levanta la cabeza y mira a Marta.

MARTA

Estoy segura que Bill es el hombre que te conviene. Te hará dichosa.

CLARITA

Mamá... Hay americanos y puertorriqueños de muchas clases.

MARTA

Éste me parece muy bueno. No he conocido persona más simpática.

CLARITA

Muchas personas simpáticas, con el transcurso de los días, no lo son tanto. Se pudren.

MARTA
(*Después de estudiar las palabras de Clarita.*)

¿Te... te ha ofendido?

CLARITA
No... Me obligó a pensar.

MARTA
¿Sobre qué?

CLARITA
Temas de conciencia.

MARTA
¿Y tu madre no puede saber...?

CLARITA
Oportunamente.

MARTA
(*Vehemente*)
No descartarás a Bill por unas palabras más o menos. Posee todas las cualidades para hacer feliz a cualquier muchacha: bien parecido, ambicioso y blanco.

CLARITA
(*Sin poder reprimirse.*)
Lo último se considera lo más importante.

MARTA
En nuestro caso lo es. Una vez que te cases y te mudes a Estados Unidos, te librarás de muchas pesadillas.

CLARITA
¿Y ustedes?

MARTA
Escribes. No serás la primera puertorriqueña que marcha para siempre.

CLARITA

Muchas se han vuelto locas... o han regresado a lágrima viva.

MARTA

Por otras razones.

CLARITA

No... Como diría abuela, por quererse cortar las raíces sin tomar en cuenta el anuncio de huracán.

MARTA

Frases.

CLARITA

¿Tú crees, mamá?

Impera el silencio unos segundos.

MARTA

Te ruego que atiendas a Bill con toda cortesía.

CLARITA

No he roto la amistad.

MARTA

Tal lo parece. Te he visto muy contrariada.

CLARITA

¡Ah! Pero no ha sido Bill precisamente el único peso en la balanza.

MARTA

¿Qué más?

CLARITA

(*Incorporándose.*)

Hay momentos, mamá, en que me doy cuenta que Puerto Rico es un país y Estados Unidos otro.

MARTA
Tonterías.

CLARITA
(*Dando la vuelta alrededor del sofá.*)
Hay mucha historia entre uno y otro. Los dos pueblos se han desarrollado de diferente manera.

MARTA
¡Claro! Pero la gente llega a entenderse.

CLARITA
En algunas circunstancias resulta muy difícil.

MARTA
Por ejemplo...

CLARITA
Cuando una de las partes se ha criado en el sur de Estados Unidos.

MARTA
Bill es muy sano de sentimientos.

CLARITA
Bill es un encanto cuando vende seguros y el por ciento de comisión le ilumina la mente.

MARTA
Es natural que piense en el dinero. Asegura la felicidad. ¿Quién? Dime. ¿Quién no piensa así? Unos cuantos locos que se empeñan en arreglar un mundo disparatado en su origen.

CLARITA
Una cabeza con un signo de dólares es tan desgraciada como una locura estúpida. Pero eso no es todo. Hay otras cosas que me hacen pensar.

MARTA
¿Cuáles?

CLARITA
Bill tiene muchos pensamientos (*tocándose detrás de la cabeza*) aquí. Creció en un ambiente distinto. Absorbió ideas de sus padres. Ideas que se afirmaron hacia adentro, como raíces.

MARTA
Los estudios te han convertido en una mujer excesivamente razonadora.

CLARITA
Ayudan mucho.

MARTA
A mí me hicieron ver que unas personas nacen en desventaja y otras no. Las que salvan la diferencia y suman las ventajas pueden ser muy felices.

CLARITA
Pues a mí me hicieron ver que solemos ser muy desconsiderados. Arrinconamos, por falta de valor, a muchos seres que sufren.

MARTA
A ver.

CLARITA
(*Afirmándose en el espaldar del sofá, con emoción contenida.*) Piensa en mamá Toña. Trae a tu memoria su vida de sirvienta y de querida con mi abuelo. Vida en la sombra, vida de humillaciones.
Marta se contiene.

CLARITA
Trae a tu memoria su vida de madre arrinconada por la hija. Visita de blancos en la sala, cuarto de atrás para la abuela. Vida en la sombra, vida de dolor.

MARTA

Soy culpable, lo admito. (*Pausa.*) No obstante..., no obstante una razón me amparaba y me ampara.

CLARITA

¿Cuál?

MARTA

Tú. (*Señalando hacia el cuadro del esposo.*) Antes de casarme con tu padre ya pensaba en ti. En verdad, lo enamoré por ti. Te quería más blanca que yo. He creído que librarte de mi herencia africana, oculta en mi turbante, significaba tu dicha. Lo creo.

CLARITA

(*Con lágrimas*)

¡Ah! ¡Tu locura del turbante! ... ¡Cuánta amargura innecesaria!...

MARTA

(*Valiente.*) No puedes imaginarte cuanta felicidad me concede el turbante. Oculta un pelo ensortijado, duro, que grita contra la paz de mi hija... Me permite, para bien de ella, pasar por blanca.

CLARITA

Y llevarla de la mano hasta el reino de los ángeles rubios.

MARTA

(*Carne de su idea fija.*)

Salvarla de insultos que deforman el alma. Salvarla de miedos que desgarran la voluntad. Salvarla de rencores que estrangulan el corazón. Salvarla... Salvarla... Entregársela libre al reino de los blancos.

CLARITA

Bill destella en él como un arcángel de azucenas.

MARTA

Bill te dará hijos más blancos que tú.

CLARITA
(*Equívoca.*)
Bill...

MARTA
(*Enfática.*)
Bill...

CLARITA

Si te quitaras el turbante y salieras a comprarle un seguro, se comportaría angelicalmente. Si te quitaras el turbante y salieras a ofrecerle el alma de Clarita...

MARTA
Hice promesa de no quitármelo.

CLARITA
(*Después de una pausa.*)
Mamá..., hay muchos más demonios que el diablo.

MARTA

No sé lo que ha pasado entre ustedes dos. Frases, imagino, que has interpretado en la forma enojada que acostumbramos. Somos un pueblo de erizos. Los visitantes se han quejado de las espinas.

CLARITA

Somos un pueblo bueno que choca consigo mismo. ¡Ah, mamá, mamá! ¡Si tuviéramos el valor de afirmar nuestra alma! ¡Si fundiéramos lo mejor de nosotros (*hacia el fondo de flamboyanes*) en la hermosura de esta isla maravillosa!

Impera el silencio unos segundos. Clarita mantiene la vista fija en el fondo de flamboyanes.

MARTA
(*Después de contemplarla.*)
Clarita.

CLARITA

(*Sin mirarla.*)

Dime.

MARTA

Voy al bar. Si Bill llega mientras tanto, dile que preparo unos cocteles. (*Se dirige al claro de la derecha y se detiene poco antes. De espaldas a Clarita.*) Espero que lo recibas amablemente.

CLARITA

(*Volviendo la cabeza.*)

Tranquilízate. He resuelto el rompecabezas. Ahora puedo recibirle. *Marta la mira un instante. Desaparece por el claro de la izquierda.*

Clarita se dirige lentamente al claro del fondo y contempla la noche de luna a través de la reja; luego, mira hacia el cuarto de Mamá Toña. Se vuelve y se dirige a la mesa del centro. Toma el disco de Mamá Toña y se cerciora de su título. Abre la radiola y coloca el disco en el plato. Pone a funcionar el mecanismo y cierra la tapa. Se escucha el golpear sobre las timbas, luego las voces de los timbaleros:

> *Joyalito, ay, Joyalito,*
> *Joyalito, ay, Joyalito,*
> *te olvidaron en el puente.*

Clarita se sienta en el sofá, mira hacia la radiola y luego hacia el jardín.

Se mantiene estática. Se desdibuja el escenario. Primero, la sala; luego, la reja y el jardín. Imperan las sombras. Se escuchan el disco entre ellas:

> *Joyalito, ay, Joyalito,*
> *Joyalito, ay, Joyalito,*
> *te olvidaron en el puente.*

Las paredes de la sala se convierten lentamente en un esquema translúcido, a través del cual, desaparecida la reja, surge la visión magnífica de la playa de Luquillo: columnata de palmas de la derecha hacia el fondo y franja de mar zafireo y playa dorado a la izquierda. La luz diamantina de la mañana enciende un delirio de relumbres en nubes gigantescas y centellea sobre el acero verde de las palmas y la risa blanca de las olas.

Al centro del claro rectangular, sobre un altillo, aparece una larga mesa de cemento junto a un banco del mismo material. Sobre la mesa y el banco, que corren de izquierda a derecha, un flamboyán sangrante riega su sombra rojiza.

Los cuadros de Benedicto y el esposo de Marta resaltan del aire con un extraño brillo.

Entra Bill en traje de baño por la derecha. Apura un sorbo de «highball» de un vaso sostenido con la mano diestra. Con la izquierda sostiene otro vaso que abandona sobre la mesa. Recorre el paisaje con la mirada, se llena el pecho de aire yodado y termina por subirse a la mesa para dominar la vista. Bill contará treinta años. Rubio. De estatura más bien alta que regular. Su figura atlética crea una fuerte impresión de salud física y mental. Respira una fácil simpatía. Después de contemplar la playa, apura otro sorbo y se vuelve a la derecha. Ríe a una persona invisible aún.

BILL

Out of this world! (*Con acento, pero sintaxis correcta.*) El paraíso, como dicen ustedes.

CLARITA
(*Entrando por la derecha.*)
Te he reservado la sorpresa durante un mes. La playa más bella de Puerto Rico en la mañana más azul.

Clarita viste gorro, traje y sandalias de baño. Se, cubre con una bata cuyas mangas se bambolean desocupadas.

BILL

It is a wonderful beach in the glorious sun of the tropics! ... (*Comienza a traducir.*) Es una playa... ¿cómo dirías?...

CLARITA
Maravillosa...

BILL
Es una playa maravillosa en el glorioso sol del trópico... ¿Bien?

CLARITA

Muy bien. Los años de vendedor en Cuba y Méjico te han convertido en un hispanoamericano.

BILL

He jurado aprender español a perfección. A los clientes les encanta oírme hablar en su idioma. Es el gran truco para convencer rápidamente y ganarme un ascenso en la compañía. (*En broma.*) Ya sabes. No me dirijas una sola palabra en inglés.

CLARITA

(*Alzando su mano derecha.*)
Convenido.
Bill ríe y se vuelve hacia el mar. Clarita se sienta en una esquina del banco y limpia de arena los pies y las sandalias.

BILL

(*Contemplando el paisaje una vez más.*)
Gosh! It's a beauty! A real beauty! Ma-ra-vi-llo-sa, como dicen ustedes. Las de Miami producen millones y millones y no comparan. (*Mirando a Clarita.*) ¿Has vista las de Miami?

CLARITA

Sí. Ésta me parece más bonita.

BILL

¡Quién lo duda! (*Con movimientos alusivos.*) ¡Qué sol! ¡Qué colores! ¡Qué aire! Millones en potencia. Millones. Un poco de inteligencia y los americanos invadirán este paraíso. (*Permanece un rato con la cara al sol.*)
Se escucha un alegre vocerío a lo lejos. Bill vuelve la vista y mira en dirección al vocerío. Menea la cabeza y permanece pensativo.

CLARITA

(*Que lo ha observado.*)
Bill...

BILL
(Volviéndose.)
Dime.

CLARITA
(Sonriendo.)
¡Un centavo por tus pensamientos!

BILL
(Después de mirar a Clarita un instante.)
Una sola cosa me disgusta.

CLARITA
(Parándose sobre el banco en son de broma.)
A ver. ¿Qué le disgusta al dios americano?

BILL
(Con la mirada fija en Clarita.)
Veo muchos blancos mezclados con negros.
Clarita deja de sonreír, y mira hacia el lugar donde se origina el vocerío.

BILL
Esa mezcla echa a perder el encanto.
Clarita se sienta en la esquina de la mesa y guarda silencio. Ante el silencio de Clarita, Bill se sienta en la otra esquina de la mesa y ofrece el vaso extra de «high-ball» a la muchacha. Clarita lo toma sin decir palabra.

BILL
It's a pity. Es...

CLARITA
(Seria.) ...lástima...

BILL
Es lás-ti-ma. *(Con los ojos fijos en Clarita.)* Esa mezcla le disgusta a la mayor parte de los turistas americanos.

CLARITA

(*Mirándolo con vehemencia contenida.*) Lo siento, Bill. Si piensan de ese modo, la playa de Luquillo se ha perdido para tales turistas. El pueblo puertorriqueño la disfruta desde hace años y no permitirá que lo excluyan.

BILL

(*Estudiándola.*)
¿No te molesta que blancos y negros se mezclen?

CLARITA

¡No!

BILL

Pues yo te confieso..., francamente..., que no lo puedo soportar.

CLARITA

(*Agitada.*)
Entonces..., te será imposible vivir en Puerto Rico.

BILL

En asuntos de negocios, pasa..., pero en mi vida particular no lo resisto. (*Después de una pausa.*) Claro. El problema tiene solución. Hay círculos en la isla donde puedo alternar con blancos puros.

CLARITA

(*Levantándose.*)
¿No crees que debemos bañarnos? (*Se baja a la arena y permanece de espaldas a Bill.*)

BILL

(*Bajándose de la mesa.*)
¿Por qué te has molestado?

CLARITA

(*Sin volverse.*) Esta conversación afea el día.
                                        Bill la mira un segundo.

BILL

(*Apoyando las manos sobre los hombros de Clarita.*)
Siéntate. Tengo que hablar contigo.

CLARITA

(*Volviéndose.*)
Bill, yo prefiero...

BILL

(*Obligándola por un brazo.*)
Si me hace el favor, señorita...

CLARITA

(*Intentando seguir hacia la playa.*)
Te ruego...

BILL

Will You?
Guardan silencio uno frente al otro. Clarita opta por sentarse. Bill la mira, apura un sorbo de «high-ball» y se sienta.

BILL

(*Después de un breve silencio.*)
Pues bien, honey... Me atreví hablar de esa manera, en primer lugar, por los besos de ayer... Me dejaron saber que me aprecias mucho.

Clarita baja la cabeza.

BILL

En segundo lugar, porque te creo blanca. (*Le toma el mentón y le alza la cara suavemente.*) A hundred per cent white, honey... (*La besa suavemente.*)

CLARITA

(*Separándolo*)
¿Y si no lo fuera?...

BILL

¿Y si no lo fueras?... (*Forzando una sonrisa.*) Lo eres. Confío en tu honradez.

Clarita lo mira fijamente.

BILL

(*Meneando la cabeza.*)
Clarita no sería capaz de engañarme.
Clarita desvía la mirada. Bill le toma el mentón nuevamente y trata de besarla. Clarita aparta a Bill sin mirarlo.

BILL

(*Forzando una sonrisa.*)
No tengo la menor duda. He observado tu conducta y sé que eres una muchacha inteligente y buena. Admitirías muchas cosas que la mayor parte de las puertorriqueñas no tienen el valor de confesar.

CLARITA

(*En voz baja.*)
Por ejemplo...

BILL

Por ejemplo..., la sangre africana.
Clarita guarda silencio, la vista en las arenas.

BILL

Una mujer inteligente sabe lo que sufriría un blanco del sur si...

CLARITA

Prosigue.

BILL

... si descubre que ha mezclado su raza con la negra. Un hijo significaría la locura.

CLARITA

(*Después de una pausa.*) ¿Tanto podría ese prejuicio?

BILL

(*Irracionalmente.*)

No es un prejuicio. Es un sentimiento natural en todo el sur de Estados Unidos.

CLARITA

Te sería... totalmente imposible superarlo.

BILL

(*Sincero.*) *God help me!* Pienso en mis padres, gente rancia del sur, batalladores por la supremacía blanca. Bastará una revelación, un descubrimiento inesperado, para ganarme su eterno enojo. Hasta la muerte podría provocarles.

Clarita alza la cabeza y lo mira con angustia.

BILL

¡Imagina! Una culpa espantosa...

CLARITA

(*Con una mezcla de angustia y lástima.*)

¿Por qué esperaste hasta hoy para hablarme de estas cosas?

BILL

Desde ayer me siento más cerca de ti.

CLARITA

No has debido besarme sin aclarar tus dudas. Tu boca podría asquearse para siempre.

BILL

(*Tomándole una mano.*)

No te enojes, *honey.* Quiero ser sincero contigo.

Clarita retira la mano suavemente.

BILL

(*Tomándole las dos manos ahora.*) *Sweetie...* No sabes cuánto me gusta tenerte a mi lado. Eres una verdadera mujer. *Oh, God!* ¡Que si

91

lo eres! Cuando te beso el mundo se pone blando como... como una almohada de plumas.

CLARITA
¡Oh, Bill!...

BILL
Yo te quiero mucho, *honey.*

CLARITA
(*Con amargura.*)
Pero una mala nube ha oscurecido el horizonte...

BILL
Intranquilidades que provoca el país. Puerto Rico entero se mezcla y la piel blanca puede esconder a un mulato.
Clarita retira sus manos.

BILL
Sweetie, no hagas caso de mis palabras. Olvídalas.

CLARITA
Bill... Dime toda la verdad.

BILL
¡Oh!...

CLARITA
Dime. Imagino que has escuchado comentarios.

BILL
Una tontería.

CLARITA
A ver.

BILL
Si en la oficina no me repitieran la misma pregunta...

CLARITA
¿Qué pregunta?

BILL
(*Imitando una actitud femenina.*)
¿Averiguó lo que oculta el turbante de doña Marta?... ¿Averiguó lo que oculta el turbante de doña Marta?... *Damn it!*

CLARITA
(*Incorporándose vivamente.*)
¿Esa pregunta te hacen?

BILL
(*Suplicante, tomándola por un brazo.*)
¿Qué sucede con el turbante de tu mamá? Confío absolutamente en tu palabra.

CLARITA
(*Demudada.*)
Bill, no debemos encontrarnos en muchos días.

BILL
Pero, *sweetie*, explícame...

CLARITA
Un rompecabezas, Bill, y la conciencia exige resolverlo.

BILL
¿Cómo?

CLARITA
Te ruego que me dejes partir sola.

BILL

Una reacción de locura. ¿Por qué se portan así tantos puertorriqueños?

CLARITA

(*Entrecortadamente.*)

No es locura... Hay razones... Profundas razones... Heridas sangran bajo la amable superficie de este pueblo... La vida lucha por restañarlas y se encrespa.

BILL

For heaven's sake! ¡Y creí llegar a una isla del Sur!...

CLARITA

Negamos amor, Bill, y hemos perdido el paraíso.

Clarita intenta partir y Bill la retiene por el brazo. En el movimiento. Clarita pierde la bata y se inclina a recogerla.

BILL

(*Deslumbrado por el cuerpo de Clarita.*) No.

CLARITA

Permíteme.

BILL

(*Atrayéndola con fuerza.*) Una sola cosa entiendo: que eres una mujer encantadora y que deseo besarte.

CLARITA

Suéltame.

BILL

No, señorita. Usted me gusta mucho.

CLARITA

(*Firme.*) Si eres un caballero del Sur, y has dicho que provienes de una familia rancia, no insistas más. (*Se libra y parte hacia la derecha.*)

BILL
(*Extendiendo el brazo izquierdo.*)
Pero, *honey*...

CLARITA
(*Sin volverse.*)
Por favor, no me sigas...
(*Desaparece por la derecha.*)

Bill da unos pasos, pero se detiene. Se vuelve y se dirige al banco. Se sienta y apura un sorbo de «high-ball». Piensa unos segundos, oprime el vaso y lo arroja violentamente contra la arena.

La playa de Luquillo, luego Bill, se desdibujan y desaparecen. Imperan las sombras unos segundos. Se escucha quedamente el disco de Joyalito:

> *Joyalito, ay, Joyalito,*
> *Joyalito, ay, Joyalito,*
> *le olvidaron en el puente.*

La sala y el jardín surgen de las sombras. Marta entra por el claro de la izquierda con un azafate sobre el cual ha dispuesto copas y una coctelera. Se detiene al ver que Clarita ha desaparecido. Se dirige a la mesa del centro y pone el azafate junto a la radiola. Alza la tapa de la radiola y detiene el mecanismo. Baja la tapa. Se dirige al claro del fondo y mira hacia el pasillo.

MARTA
(*Llamando.*)
¡Clarita!... ¡Clarita!...

Ante el silencio, se vuelve y marcha pensativamente hacia la radiola. Medita. Saca una polvera dorada de un bolsillo. Abre la polvera y se explora la cara atentamente en el espejo. Se empolva el rostro, la garganta y las manos. Se arregla el turbante cuidadosamente después de forzar dentro de él algunos cabellos rebeldes a la prisión. Se vuelve y apaga el lamparón de la sala, la cual queda iluminada a medias por la lámpara del sofá. Se dirige lentamente a la mesa. Se sirve un coctel. Mira en dirección al claro de la derecha y espera. Mientras, apura pequeños sorbos.

ℰL TELÓN SE CIERRA ℒENTAMENTE

Tercer acto

el mismo lugar, minutos más tarde.

TERCER ACTO

Al descorrerse el telón, Marta aparece en la misma posición del acto anterior. Suena el timbre de la puerta de entrada. Marta deja lo copa sobre la mesa y se dirige al claro de la derecha. Sale.

MARTA
(*Fuera.*)
Good evening, Bill.

BILL
(*Fuera.*)
Good evening, doña Marta.

MARTA
(*Fuera.*)
I am glad you came.

BILL
(*Fuera.*)
It's indeed a pleasure.

MARTA
(*Entrando frente a Bill.*)
Make yourself at home.

BILL
Thanks
(*Se detiene al hallar la sala desierta.*)

MARTA
(*Siguiendo hasta el centro de la sala sin darse cuenta que Bill se ha detenido.*) *You know, Bill. We have missed you a lot.*
BILL
Doña Marta...
Marta se vuelve y mira a Bill.

BILL
(*Acercándose.*)
¿Y Clarita?

MARTA
She will be ready...

BILL
(*Reconviniéndola sonreídamente.*)
¡Ah, ah! Recuerde el pacto. Hoy tengo motivos más poderosos que ayer.

MARTA
(*Después de mirarlo unos segundos.*)
Clarita estuvo en la sala hasta hace unos minutos. No tardará en volver.

BILL
¡Magnífico!... Quizá le dé una sorpresa esta noche.

MARTA
¿Quizá?

BILL
Bueno... Es casi seguro.

Ambos sonríen.

MARTA
¿Le gustaría quitarse la chaqueta?

BILL
Si no hay inconveniente... (*Quitándose la chaqueta sport.*) Esta noche hace un calor de los dos mil demonios.

MARTA
Hay un ciclón formándose al este del Mar Caribe.

BILL
¿De veras? ¿Cuándo dieron la noticia?

MARTA
(*Tomando la chaqueta.*)
¡Qué cara!... (*Riendo.*) Es una broma... Sí, puedo asegurarle que una tromba azotó la playa de Luquillo hace siete días.

BILL
¿Una tromba? ¿Hace siete días? Oh, sí... Ahora comprendo. De eso sabíamos dos personas solamente.

MARTA
A la tercera le faltan los detalles. (*Ríe.*)
Bill se arregla la corbata, un muestrario de vivos colores.

MARTA
No se apure, Bill. Ya hablaremos para sosiego de todos. Permítame guardarle la chaqueta.
Marta se dirige al claro de la izquierda. Bill la sigue con la vista.

BILL
Doña Marta...

MARTA
(*Volviéndose junto al claro de la izquierda.*)
Dígame, Bill.

BILL
Desde hace días le buscaba un parecido.

MARTA
¿Recuerda ahora?

BILL
Sí. He conocido sicilianas en Nueva York. El tipo de usted es

idéntico. EI color de la piel... Las facciones...

MARTA
(*Imperturbable.*)
Eso me aseguran muchos amigos que han visitado Italia. (*Le sonríe
a Bill y desaparece por el claro de la izquierda.*)
*Bill mira unos segundos en dirección a la izquierda. Medita. Se vuelve
hacia el fondo. Fija los ojos en el retrato de Benedicto. Se le acerca y lo
estudia. Pasa a contemplar el cuadro del esposo de Marta. Entra ésta, se
detiene y observa a Bill.*

MARTA
Ese ya no sufre los rigores del calor.
Bill se vuelve.

MARTA
(*Dirigiéndose a la mesa del centro.*)
¡Cuidado que maldecía contra él! Soñaba con el clima de su región
natal.

BILL
El sol de Puerto Rico bien vale la pena.

MARTA
(*Después de tomar la coctelera, agitándola.*) Una cosa le enfadaba más
que el calor. Lo mismo que a mi padre. Procedían de Asturias y Galicia,
regiones de gente blanquísima, y ninguno se consolaba con el aspecto
de muchos puertorriqueños. (*Sirviendo los cocteles.*) Eran españoles de
rompe y rasga.

BILL
¿Cómo?

MARTA
De rompe y rasga. (*Tomando ambas copas.*) Significa... que se
mantenían firmes contra la mezcla con la raza africana.

BILL
(*Acercándose.*)
Veo. Como nosotros, los blancos del Sur.

MARTA
Más o menos. (*Ofreciéndole el coctel.*) Bill...

BILL
(*Impresionado por Marta.*)
Doña Marta, es usted una persona encantadora.

Marta inclina la cabeza. Bill toma el coctel e inclina la cabeza también.

MARTA
Tratándose de Bill, he preparado los cocteles con un ron especial.
Barrilito.

BILL
Muy agradecido.

MARTA
Su especialidad consiste en que sabe a brandy añejo.

BILL
¿Cierto?

MARTA
Cierto.

BILL
¿Cómo lo consigue el fabricante?

MARTA
Lo cura en pipas españolas con madre de vino.

BILL
Interesante.

MARTA

Resulta un producto puertorriqueño de abolengo español.
(*Sonriendo.*) Como esta servidora y su hija.

BILL

Wonderful! Les llevaré unas botellas a mis padres. También exploraré
la posibilidad de introducirlo en Estados Unidos. ¿Dónde se consigue?

MARTA

En una antigua hacienda entre Cataño y Bayamón.

BILL

¿Es una vieja hacienda? ¡Qué palabras más familiares!... Me parece
asistir a una recepción en Alabama.

MARTA

¿Y por qué no, Bill ?...
(*Brindando.*)
«Estamos» en el sur de Estados Unidos.

BILL

(*Brindando.*)
«Estamos».

MARTA

For the old South!

BILL

For the old South!
Apura un sorbo. Bill ríe. Marta lo secunda.

BILL

Éste es un país de sorpresas. ¡Encontrar puertorriqueños que
brindan por el viejo Sur!

MARTA

¿No se le ha ocurrido que nos parecemos mucho?

Bill guarda silencio.

MARTA

¿No?

BILL

¡Oh!... ¡Sí! ¡Sí!... En cierto sentido.

MARTA

¡Claro! En cierto sentido. En otro..., con la mezcla de razas que invade todos los círculos..., nos dejamos de parecer... (*Indicándole el sofá.*) Siéntese, Bill.

BILL

Gracias. (*Después de mirar hacia el claro del fondo, dirigiéndose al sofá.*) Clarita no aparece.

MARTA

Ya vendrá.

BILL

(*Sentándose.*)
¿No le habrá molestado...?

MARTA

De ningún modo. Se puso muy contenta cuando supo que usted aceptaba mi invitación.

BILL

¿Está segura?

MARTA

(*Sentándose en la butaca más próxima al sofá.*)
Segurísima, Bill...

Guardan silencio unos segundos.

BILL
(*Mirando a Marta.*)
Doña Marta... No me podía imaginar que Clarita..., un carácter tan dulce...

MARTA
A ver... ¿Qué sucedió?

BILL
Es un poquito complicado. (*Apura un sorbo.*)

MARTA
(*Después de envolverlo con una mirada exploradora.*) No hay madeja que no se pueda desenredar. De maestra, ayudaba a entender casos mucho más difíciles. En confianza, Bill.
                                   Bill agota su copa de un sorbo.

MARTA
(*Levantándose.*)
¿Otro?

BILL
(*Entregando la copa.*)
Lo confieso: me tomé dos o tres «*high-ball*» en el Hotel Condado. No me atrevía a llegar.

MARTA
(*Llenándole la copa.*)
¡Bah!...

BILL
Me porté estúpidamente con Clarita...

MARTA
(*Ofreciéndole la copa.*)
La persona más sana y simpática que ha visitado esta casa se llama Bill Hawkings.

BILL

(*Tomando la copa.*)
Usted me hace sentir en mi casa.

MARTA

Créame, Bill. A su lado respiro un aire más agradable que el de este país en los últimos años. Clarita ha expresado el mismo sentimiento.

BILL

Clarita estima mucho a Puerto Rico. Tanto, que ha tenido diferencias conmigo.

Marta ha dado un paso en falso y guarda silencio.

BILL

Ha defendido cosas que me son desagradables.

MARTA

¿Como cuáles?

BILL

La mezcla de blancos y negros en sitios públicos.

MARTA

No le haga caso... (*Se arregla el turbante involuntariamente, movimiento que Bill observa hipnótico. Dirigiéndose a la mesa en busca de su copa.*) Clarita defiende esas ideas, como decimos aquí, de los dientes para afuera. (*Después de tomar la copa, volviéndose.*) En su fondo, se siente orgullosa de ser blanca.

BILL

¿Usted cree?

MARTA

No tengo la menor duda.

Bill apura un sorbo.

MARTA
¿Eso es todo?

BILL
¡No! (*Apura otro sorbo.*)
That was just the beginning! Por ahí comenzamos.

MARTA
Una discusión inútil de Clarita.

BILL
(*Meneando la cabeza*)
Todo lo contrario: una discusión muy necesaria.
                    Marta guarda silencio. Apura un sorbo.

BILL
(*Después de mirarla un segundo.*)
Siéntese, doña Marta.
                    Marta se sienta. Bill apura un sorbo.

BILL
¿Me permite unas preguntas?

MARTA
Todas las que desee.

BILL
Le confieso que he tenido dudas...

MARTA
¿Qué dudas?

BILL
Sus padres, doña Marta, ¿eran españoles los dos?

MARTA
(*Sin pestañear*) Los dos... ¿No se lo dije antes?

BILL
Recuerdo que no me habló de su madre.

MARTA
Me parecía... Bueno, ¡qué importa!... Pues sí... Mamá era española también... Nació en Andalucía... De ella heredé... el tipo siciliano. (*Se arregla el turbante con la mano libre.*) Andaluces y sicilianos se parecen mucho... (*Se arregla el turbante nuevamente.*)

BILL
(*Después de una pausa en la que observa el arreglo del turbante.*) Otra pregunta estúpida... Más estúpida que la primera.

MARTA
(*Encogiéndose de hombros*)
¿Estúpidas? ¿Por qué? Las considero muy naturales.

BILL
¿Tiene...?

MARTA
¿Qué?

BILL
¿Tiene algún retrato de su mamá?

MARTA
(*Aplastando un estremecimiento.*)
Nunca quiso retratarse.

BILL
¿Por qué?

MARTA
¡Rarezas de carácter!... Decía que conserváramos su imagen en la memoria.

BILL

¡Es lástima que no dejara un retrato!

MARTA

Lo siento muchísimo, Bill. Por mi cara, más o menos...

BILL

(*Inconforme en el fondo.*)
Bueno; me basta con saber que era española. Eso despeja la duda en gran parte.

MARTA

¿Y por qué no del todo?

BILL

¿Qué dije?

MARTA

«Eso despeja la duda en gran parte.»

BILL

Perdóneme, doña Marta. Quise decir..., eso despeja la duda del todo. (*Se levanta y llena la copa.*)

MARTA

(*Después de apurar un sorbo.*)
¿Ha temido usted que Clarita tenga sangre africana?

Bill se vuelve y mira a Marta.

MARTA

¿Eso es?

Bill apura un sorbo.

MARTA

Tranquilícese, Bill. Sencillamente, no es posible.

BILL
(*Después de apurar otro sorbo, mirando la copa.*)
No he conocido una muchacha tan femenina e inteligente a la vez.
Es un verdadero placer estar junto a ella.

MARTA
Clarita es una joya, Bill.

BILL
La idea... (*golpeándose la frente*), esta idea..., se apoderó de mí poco
después de intimar... (*Mirando a Marta.*) Tengo que confesarle, doña
Marta... Hemos sido un poco más que amigos: casi novios.

MARTA
¿Y qué tiene de particular?... Ambos son jóvenes, guapos, tienen
intereses en común...

BILL
Todo marchaba felizmente... Con decirme: «No haga caso a los
comentarios», hubiera bastado.

MARTA
(*Irguiéndose de tronco.*)
¿Qué comentarios?

BILL
Oh, Gosh! He caído otra vez en una conversación ridícula. Esto
parece una pesadilla.

MARTA
(*Jugándose una carta.*)
Sea franco, Bill.

BILL
Mis palabras resultan ofensivas, lo sé, pero tengo que decirlas, o la
idea no se apartará de mi mente.

MARTA

¿Por qué ofensivas?

BILL

(*Después de apurar el resto del coctel.*)

Doña Marta..., alguien de la oficina, damn it, me hace la misma pregunta todos los días...

MARTA

¿Qué pregunta?

Clarita entra en la penumbra del pasillo.

BILL

«¿Averiguó lo que esconde doña Marta debajo del turbante? ¿Averiguó lo que esconde doña Marta debajo del turbante?»

MARTA

(*Después de una pausa.*)

«¿Averiguó lo que esconde doña Marta debajo del turbante?» (*Rompe a reír.*)

Bill la mira perplejo. Clarita desaparece.

MARTA

(*Riendo.*) ¿Y usted se ha desvelado por esa pregunta? (*Ríe con más fuerza.*) ¡Haberlo confesado desde el primer momento! Se hubiera ahorrado la tortura. (*Maternal, imponiéndose una sonrisa de gran franqueza.*) Bill, hijo...

BILL

(*Después de una pausa, avergonzado.*)

Perdone, doña Marta... No ha sido fácil para mí... Si Clarita me hubiera contestado la pregunta... Pero no me contestó... Por el contrario..., me pidió que no la viera en muchos días. Usted comprenderá...

MARTA
(*Meneando la cabeza compasivamente.*)
Al pobrecito Bill se le ha formado una tormenta sin motivo alguno...
Vamos. Destierre esa idea para siempre. Se halla usted en una casa de
blancos puros. (*Con una palmada para despertarlo.*) ¡Bill!... (*Ríe.*)

BILL
(*Comenzando a tomar confianza.*)
Todo se combinó para hacerme pensar. Había sabido días antes que
algunas mulatas de piel clara...

MARTA
(Con la cara sonreída.)
¿Algunas mulatas qué?...

BILL
...disfrazan su pelo encrespado con turbantes.

MARTA
(*Categórica.*)
Cierto. Abundan los casos en la isla. Las domina la locura de pasar
por blancas. Sobre todo cuando quieren salvar de humillaciones a sus
hijas de pelo lacio y facciones españolas.

BILL
Un peligro.

MARTA
Muchas logran penetrar en los círculos exclusivos y codearse con
gente blanca. Algunas terminan por casar a las hijas.

BILL
Un engaño horrible.

MARTA
(*Asintiendo.*)
Trepadoras sin escrúpulos.

BILL

No comprendo cómo se atreven.

MARTA

A ningún ser humano le gusta sentirse inferior.

BILL

«Son» inferiores.

MARTA

Indudable. Lo son, pero se niegan a serlo.

BILL

Un aspecto de Puerto Rico muy desgraciado.

MARTA

Con cuidado, no es difícil evadirlo. Yo puedo orientarlo en ese sentido. Me conozco el país de arriba abajo.

BILL
(*Mirando con entera confianza.*)
Oh God! ¡Si hubiera hablado con usted anteriormente!

MARTA
(*Sonreída.*)
Una falta de franqueza...

BILL
(*Después de una pausa, sonreído.*)
Ahora no hace tanto calor.

MARTA
(*La última jugada.*)
¿Me quiere ver sin turbante?

BILL
(*Avergonzado.*)
Olvídese, doña Marta.

MARTA
(*Llevándose la mano libre al turbante.*)
Si lo desea, con desprender un broche...

BILL
No insista. Me avergüenza.

MARTA
Por mi parte, no hay ningún inconveniente.

BILL
Vamos. En su lugar, voy a darle una noticia... Mi conocimiento del idioma español me ha conquistado un ascenso.

MARTA
¡No me diga!... ¿En Puerto Rico o fuera?

BILL
En Estados Unidos... La compañía me encarga las relaciones públicas con los países hispanos.

MARTA
(*Que se ha levantado a medida que Bill habla.*)
Se le felicita.

BILL
Muchas gracias... Recibí el cable poco después de su llamada. Debo partir mañana por 1a tarde.

MARTA
Clarita se alegrará del ascenso y sentirá la partida.

BILL
(*Después de una pausa.*)
Clarita vendrá a trabajar conmigo en un puesto de mayor importancia, digo, si ella lo desea y usted no se opone.

MARTA
¿Oponerme?... De ninguna manera. No puede imaginarse cuánto me alegra su ofrecimiento. Desde ahora puede contar con mi apoyo. A la muchacha le hace falta salirse de este ambiente viciado por gente de color. Terminarán mis angustias.

BILL
(*Tomando la coctelera.*)
Brindemos por Clarita. (*A medida que completa la copa de Marta.*)
Lo confieso, sentía mucho perder la compañía de la muchacha.

MARTA
No se preocupe. Clarita trabajará para usted en la nueva oficina.

BILL
(*Después de llenar su copa, brindando.*
¡Por Clarita!

MARTA
¡Por el éxito de los dos en Estados Unidos!
Apuran un sorbo, se miran y rompen a reír.

MARTA
Permítame buscar a Clarita. (*Se dirige al fondo.*)
Clarita se enmarca en el claro del fondo. Marta se detiene antes del mismo.

BILL
(*Con alegría.*)
¡Clarita!

CLARITA
(*Con una inclinación de cabeza, entrando a la sala.*)
¡Bill!

BILL
(*Mostrando la coctelera.*)
¿Nos acompañas?

CLARITA
Luego.

BILL
(*A doña Marta.*)
Parece que el tiempo sigue con amagos de tormenta.

MARTA
Nada. Se siente cohibida.

CLARITA
(*Sin mirarla.*)
Serena, mamá.
Guardan silencio unos segundos.

MARTA
(*Acercándose a las butacas de la derecha.*)
Clarita...

CLARITA
Dime...

MARTA
Bill ya no tiene dudas.

BILL
I feel wonderful. En la gloria, como dicen ustedes.

MARTA
(*De frente a Clarita.*)
No se justifica ningún enojo.

CLARITA
(*Enigmática.*)
Ninguno.

BILL
(*Brindando.*)
¡Bravo! (*Apura el coctel de un sorbo. Mientras se sirve otro.*) Tengo una buena noticia para ti.

MARTA
(*Que estudia a Clarita.*)
¡Excelente!

BILL
He ascendido a jefe de relaciones públicas para los países hispanos...
Clarita inclina la cabeza a manera de felicitación.

BILL
... y necesito tus servicios en Estados Unidos.
Clarita guarda silencio.
MARTA
(*Rápida.*)
Bill te aprecia de corazón.
Bill se lleva la mano libre al corazón en tono de broma.

MARTA
Te ofrece la oportunidad de tu vida. Con un pequeño esfuerzo..., pequeñísimo..., cerrar los ojos y dejarte llevar un instante..., te encontrarás más arriba de las nubes.

BILL
(*Con gestos melodramáticos adrede.*)
Las mías se disiparon. El desierto de Sahara no contempla un ciclo

más claro.

CLARITA

(*A Marta.*)
¿Nos permites hablar a solas?

MARTA

(*Con énfasis, después de una pausa breve.*)
Tú sabes cómo he deseado esta ocasión. Con todas las fuerzas de mi alma.

BILL

(*Con otro gesto melodramático.*)
Y yo también.

MARTA

Piensa cada una de tus palabras.

BILL

(*Descartando la broma.*) Doña Marta, usted ha interpretado mal a Clarita. Ella se ha contentado y desea hablar conmigo sobre el nuevo trabajo. (*A Clarita.*) ¿Es o no cierto?

CLARITA

Bill tiene razón. Deseo aclarar el asunto del enojo. Una vez que lo aclare..., discutiré la posibilidad de trabajar en Estados Unidos.

BILL

(*Con un gesto cómico.*) Ya ve. (*Apura un sorbo y se tambalea levemente.*) ¡Ah! Los cocteles me bambolean... ¡Qué agradable!... (*Cantando.*) *Oh, Susanah! ... Oh, Susanah!...* (*Ríe.*)

MARTA

(*Después de mirar a Clarita, quién permanece inmóvil.*) Voy a prepararles unos entremeses. Mientras tanto, gocen la noche de luna (*señalando hacia el fondo*) en el jardín. Hagan planes para el viaje y olvídense de Puerto Rico y sus problemas.

BILL

Excelente idea. Antes, permítame acompañarla. (*Pone la coctelera y el vaso sobre la mesa y le ofrece el brazo a doña Marta.*) Doña Marta...
Marta inclina la cabeza y se sostiene de Bill.

BILL

(*Marchando hacia el claro de la izquierda.*) Mi madre se alegrará mucho de conocerla. Se comporta usted como una verdadera dama del Sur. (*Desaparecen por el claro de la izquierda.*)
Mamá Toña asoma su cabeza por el claro del fondo.

MÁMA TOÑA

(*En voz baja.*)
Clarita.

Clarita se vuelve.

MÁMA TOÑA

Tengo que preparar la maleta.
Clarita menea la cabeza negativamente.

MÁMA TOÑA

No me convences. Salgo temprano para el asilo.
Clarita le indica paciencia con un movimiento de la mano.

MÁMA TOÑA

Ya dije la última palabra.

CLARITA

(*Suplicante.*)
Mamá Toña...

MAMÁ TOÑA

Está bien. (*Oculta la cabeza.*)
Segundos después entra Bill. Canturrea «Oh, Susana» con el nombre de Clarita. Se encuentra a ésta de espaldas.

BILL

(*Acercándose a Clarita.*) ¡Oh, Clarita!... ¡Oh, Clarita!... (*Se detiene detrás de ella, la toma par los hombros y la vuelve hacia sí.*) ¿No me das un beso?

Clarita guarda silencio. Bill la besa suavemente.

BILL

(*Contemplándola.*) Oh, honey... ¡Me hiciste tanta falta!... Apenas he podido dormir. (*Después de mirarla unos segundos.*) ¿Paseamos por el jardín?

CLARITA
(*Desprendiéndose de Bill.*)
No.

BILL
¿Por qué?

CLARITA
Entrarías en él con Puerto Rico.

BILL
Ya... Olvida lo que dije en la playa de Luquillo.
Clarita lo mira fijamente.

BILL
Vamos. Los flamboyanes están preciosos en la luz de la luna.

CLARITA
Debemos pasear entre ellos con la conciencia clara. De lo contrario, los veremos empañados.

BILL
Clarita..., ya no tengo temores...

CLARITA
Sentémonos, Bill.

BILL
¿Por qué no pruebas un coctel?

CLARITA
No.

BILL
Te animará. El alcohol enciende brillos. Verás un paraíso por jardín.

CLARITA
Dije que no. (*Alejándose de Bill lentamente.*) Quiero contemplar el jardín con su luz natural, pisar la dureza de su suelo, respirar su aire como es, escuchar el sonido real de las palabras.

BILL
(*Con un movimiento de hombros.*) No entiendo. Creí que te había pasado el enojo. (*Apura un sorbo largo y fija los ojos en Clarita, quien se mantiene de pie, abstraída unos instantes en sus pensamientos.*)

CLARITA
(*Volviéndose lentamente.*)
Bill...

BILL
(*Sin moverse.*)
Go on, honey.

CLARITA
Te han fabricado un reino sobre nubes.

BILL
¿Cómo?

CLARITA
No es justo que pasees en el jardín sin saber toda la verdad.

BILL
(*Dando un paso.*)
¿Qué te pasa? Háblame con sentido.

CLARITA
Esos besos... han sido los últimos.

BILL
¿Por qué razón?

CLARITA
Tú lo decidirás...
Bill hace un gesto de impotencia mental.

CLARITA
(*Después de mirarlo fijamente.*)
Bill..., mamá tiene sangre africana.

BILL
(*Con un estallido del subconsciente.*)
What? ¡No!

CLARITA
Te ha mentido.

BILL
(*Dando un paso atrás.*)
¡No!

CLARITA
Se describió a sí misma.

BILL
(*Intentando rehacerse.*)
Te burlas, Clarita. Te burlas.

CLARITA
Déjame abonar unas palabras a su favor.
Bill guarda un silencio tenso.

CLARITA
Mamá es hija de un español y una mulata de Loíza. Mi abuelo nunca tuvo el valor de casarse con mi abuela. La hizo pasar por sirvienta.
Bill apura el resto del coctel temblusconamente.

CLARITA
Mamá creció con la doble vergüenza, en lucha consigo misma. El temor de ser humillada le torció temprano su fondo de bien. Con los días, agrios rencores, sordas angustias, se apoderaron de su ánimo. Llegó a sentir que había perdido el derecho a la felicidad, pero decidió rescatarlo para su hija. Lo anhela ciegamente.
Bill, impotente para expresar sus pensamientos, menea las manos.

CLARITA
Esas raíces, Bill, han provocado grandes amarguras en Puerto Rico.

BILL
(*Confuso.*)
¡Puerto Rico!

CLARITA
(*Después de mirarlo unos segundos.*) Desde un principio he luchado conmigo misma para confesarte esa verdad. Tu actitud en la playa de Luquillo me empujó a tomar la decisión.

BILL
Te burlas.

CLARITA
No, Bill. Por doloroso, el caso no admite burlas. Eres testigo del primer paso para vencer las malas raíces. Torturan y deforman a muchas personas como mamá.

BILL
Entonces he sido víctima de un engaño.

CLARITA
(*Sin mirarlo.*)
Ahora me siento libre para entrar en el jardín... Te invito.

BILL
¡No!

CLARITA
(*Sin mirar a Bill, después de una pausa.*)
¿Fueron o no... los últimos besos?

BILL
(*Después de limpiarse la boca con el dorso de la mano.*) *Oh, devil!*
(*Mira hacia el claro de la izquierda y se dirige a él Gritando.*) Doña
Marta...

MARTA
(*Afuera.*)
Diga, Bill.

BILL
La necesito en la sala.

MARTA
(*Afuera*)
Voy en seguida.

CLARITA
Bill... Mírala cómo es..., una madre ciega... Te ruego que la
perdones.

BILL
(*Acercándose a Clarita.*) ¡Es un ser repugnante, vil!!... Ha jugado
conmigo. Un juego criminal que ha podido volverme loco.

CLARITA

Haz un esfuerzo contigo mismo. Piensa un momento.

BILL

¿Por qué te dejaste besar? (*Se limpia la boca.*)

CLARITA

Eres mejor que ese odio irracional.

Entra Marta con los entremeses dispuestos en una bandeja de plata. Se detiene al ver la actitud de Bill y Clarita.

BILL

(*Después de una pausa, brutalmente.*)
¿Es verdad que usted tiene sangre negra?

MARTA

(*Sacudida.*)
Bill... (*Hace un esfuerzo por conservar la serenidad y vuelve los ojos hacia Clarita, quien se mantiene decidida.*)

BILL

¡Conteste!

MARTA

(*A Clarita, tratando de velar una súplica.*)
No puedo comprender... Te ofrezco un mundo sin las viejas llagas y lo desprecias sin razón.

CLARITA

Mamá..., ese mundo tiene llagas más hondas que el nuestro.

MARTA

(*La voz temblándole en un ruego.*)
Anda, contesta la pregunta de Bill... Como debes contestarla.
Clarita guarda silencio.

BILL
(*Después de mirar a una y otra.*)
¿Qué dicen?

CLARITA
(*Con pena, pero decidida.*)
Ya lo sabes: mamá y yo tenemos raza negra. La heredamos de abuela.
Marta mira a Clarita durante unos segundos. Clarita sostiene la mirada. Marta baja la cabeza lentamente y contiene los deseos de llorar.

CLARITA
(*Firme.*) Mamá, vivamos de frente a esa realidad puertorriqueña. Sin los disfraces que convierten al país en una pesadilla de máscaras. Nos sobrarán fuerzas para vencer este embrujo de vejigantes y buscar una dicha real.

MARTA
(*Con la cabeza baja, aplastada por un derrumbe interior.*)
Clarita, hija... Te opones a lo que más deseo.

CLARITA
Pero te quiero más. Inmensamente más. Comprendo tu mentira y no me avergüenzo.

BILL
Usted me ha engañado.
Marta menea la cabeza sacudida por un llanto que no puede brotar.

MARTA
¡Bill...!

CLARITA
Mamá, arranca de una vez esas malas raíces que envenenan tu vida. Tú misma.

Marta deja de menear la cabeza.

BILL
(*Acercándose a Marta.*)
Doña Marta, quítese el turbante.

CLARITA
Bill.

Bill vuelve la cara.

CLARITA
No la humilles.

BILL
Be quiet! (*Frente a Marta.*)
¡Quítese el turbante!
Marta levanta la cabeza lentamente y lo mira con fijeza.

BILL
¿No me oyó? (*Después de agarrar a Marta por el brazo, zarandeándola.*)
¡He dicho que se quite el turbante!

MARTA
¡Suélteme!
La bandeja cae al suelo con estrépito.

CLARITA
(*Acercándose.*)
Bill, no la maltrates.

BILL
(*Empujando a Clarita, quien queda atrás.*)
You stay away!

MÁMA TOÑA
(*Encendiendo el lamparón.*)
¡Caballero!...
*Bill mira hacia el fondo y suelta a Marta, quien permanece de pie,
agitada por una tormenta de emociones.*

MÁMA TOÑA

(*Avanzando a medida que Bill retrocede hacia la izquierda.*)
Se comporta usted como una bestia del monte.

BILL

(*Iracundo y sorprendido.*)
¿Quién es usted?

MÁMA TOÑA

Una ovejita negra del Señor.

BILL

(*A Clarita y Marta.*)
¿Quién es?...

MÁMA TOÑA

No le confiesen pecados al diablo.

BILL

Damn you!

MÁMA TOÑA

(*Enfrentándosele.*)
¿Qué dice?.. Hable en cristiano.

BILL

Who is she?

MÁMA TOÑA

No entiendo lo que dice. Como usted huele a coco rancio, supongo
que no será nada bueno.

BILL

Who are you?

MÁMA TOÑA

(*A Marta y a Clarita.*) Parece que el diablo se le ha metido en el cuerpo. (*A Bill.*) Por si le ayuda, permítame hacerle la señal de la cruz. (*Cruza sus dedos índices frente a Bill y avanza en dirección a él.*)

BILL
(*Retrocediendo hasta el claro de la izquierda.*)
Stay away...! Don't you dare touch me. Stay away...!

MÁMA TOÑA
(*Deteniéndose.*)
¡Huye, Satanás! Deja tranquila el ánima del tomate pintón.
Bill se mantiene firme.

MÁMA TOÑA
(*Después de una pausa.*) ¡Oh! Veremos quién puede más, si tu mala voluntad, que conozco desde hace años, o la mulata del palmar, que no ha cesado de luchar contigo. Espera, que yo tengo un remedio contra ti. (*Se dirige a la radiola y alza la tapa.*)
Bill se acerca uno o dos pasos. Mamá Toña pone a funcionar el mecanismo Se escucha el golpear sobre la Consentida y la Malcriada.

MÁMA TOÑA
(*Enfrentándose a Bill.*)
¡Aparta!

BILL
(*Con un movimiento a la redonda del brazo.*)
To hell all of you! (*Desaparece por el claro de la derecha.*)

MÁMA TOÑA
(*Desde el claro de la derecha.*) ¡Que te salcoches en tus propias pailas!
Suena un violento portazo.

MÁMA TOÑA
(*A Marta y Clarita.*) Permítanme cerrar con llave por si revira...
(*Desaparece por el claro de la derecha.*)
Se escuchan los versos de Joyalito.

Joyalito, ay, Joyalito,
Joyalito, ay, Joyalito,
te olvidaron en el puente.

Mamá Toña entra por la derecha y se detiene poco después del claro.

MÁMA TOÑA

(*Después de mirar a Marta y a Clarita.*) En buena hora nos libramos.
Era el mismo vejigante del palmar. Con pelo rubio esta vez. (*Señalando
a Marta mientras mira hacia el cuadro de Benedicto.*) ¡Ah!... ¡Si yo no
hubiera temido que ésta viniera al mundo! (*Señalando hacia el cuadro.*)
Te hubieras llevado un susto también, so tutenaco. Pero tuve que pensar
en ésta y aguantar en la cocina... como los perros satos.
*Marta rompe a llorar, convulsivamente. Clarita se le acerca, y le
echa los brazos por los hombros. La lleva hasta el sofá, donde la ayuda a
sentarse. Permanece junto a ella y le acaricia el cuello. Los versos de joyalito
se mezclan con el llanto de Marta:*

Joyalito, ay, Joyalito,
Joyalito, ay, Joyalito,
te olvidaron en el puente.

*Mamá Toña contempla un segundo a Marta. Se dirige a la radiola y
detiene el mecanismo.*

MÁMA TOÑA

(*Después de mirar a Marta.*) ¿Por qué lloras? Lo que ha pasado es
motivo de alegría, no de llanto. Clarita ha tenido el valor que nos faltó
a las dos... Le sobró razón en lo que dijo. La felicidad se busca con los
ojos bien abiertos, como el múcaro a la lombriz, no como el perro,
menea que te menea la cola, porque teme la patada.
Marta solloza violentamente.

MÁMA TOÑA

Marta, Martita... Te has empeñado en mirarte el pellejo, no el alma,
y vives fuera de ti, como los peces varados en la marea baja.

131

CLARITA
(*Suavemente.*)
Por su hija...

MÁMA TOÑA
A su hija por poco la enreda con el diablo... Te digo que si no lo era, lo parecía... Esa mirada, esos gestos, esa rabia de animal salvaje... Todo porque supo que, unos más y otros menos, tienen su canela. Ningún cristiano se convierte en fiera por motivos tan flacos. Se retira, se excusa, ignora, pero no revuelca el fango que lleva por dentro para arrojarlo a la cara de los demás.

CLARITA
Mamá desconocía ese odio de Bill.

MÁMA TOÑA
¡Y qué bonito papel hizo!... Nunca había escuchado tantas alcahueterías juntas. Casi, casi, le armó el catre en la sala. De uso rebascosa y malcriada, parecía un agua de melao. Bill por aquí..., Bill por allá... (*Imitándola.*) Estamos en el sur de Estados Unidos... ¡Y el alma de la hija en juego! ... Suerte que un buen espíritu te iluminó y acabaste de un golpe con tanta brujería.

CLARITA
Mamá Toña, el peligro ha pasado.

MAMÁ TOÑA
Perdóname unas palabritas más, que poco tiempo me queda en este laberinto... Marta, hija..., si quieres casar a Clarita con un americano, comienza por probar su decencia, que algunos, como pasa con muchos puertorriqueños, no la tienen. No te importe que el novio venga de las sínsolas, pero, eso sí, que trate a Clarita, haga sol o se nuble, con el respeto que merecen las personas. Si los colores de la piel le sofocan el alma, hazle la cruz, porque alguien se ocupará de venderle el secreto del turbante. Amén. (*Las contempla un instante y luego mira hacia los cuadros.*) Esos dos también despedían azufre. ¡Caro hemos pagado el

rosa de sus cachetes! (*Inicia un movimiento hacia el claro del fondo.*)

CLARITA

(*Extendiendo el brazo con ademán de detenerla.*) Abuela, escúchame unos segundos...

Mamá Toña se detiene.

MAMÁ TOÑA

(*Después de una pausa breve, volviéndose.*) Ya hablamos en el cuarto, Clarita. Valga la decisión. Cuando venga el próximo pretendiente, Marta no tendrá que esconder espantapájaros.

Marta levanta la cabeza y mira a un lado. Mamá Toña se mueve un paso a observar el movimiento. Clarita se vuelve y las contempla a las dos.

CLARITA

(*Después de una pausa.*)
Mamá...

MARTA

Dime.

CLARITA

Mamá Toña insiste en salir de la casa.

Marta menea la cabeza negativamente.

CLARITA

Tiene el propósito de recluirse en el asilo.

MARTA

(*Volviendo la cabeza hacia ellas.*)
No.

CLARITA

Le he rogado inútilmente.

MARTA

Mamá Toña..., tú no sales de esta casa.

MAMÁ TOÑA
¿Y quién se atreverá a impedirlo?

MARTA
Te ruego que permanezcas aquí.

MAMÁ TOÑA
¿Y si son mis deseos vivir en otro sitio?

MARTA
Esta casa es más tuya que mía.

MAMÁ TOÑA
El cuarto de atrás, lo admito.

MARTA
He pedido que te retires a él, pero nunca que abandones la casa.

MAMÁ T OÑA
Ya me cansé de estorbar.

MARTA
Te he dado razones...

MAMÁ TOÑA
Descansarás, Marta.

MARTA
No me hagas infeliz... Tengo bastante con el mal rato de esta noche.
Impera el silencio unos segundos.

MAMÁ TOÑA
(*Disponiéndose a partir.*) Bueno... Clarita tiene que casarse...
Abandono la casa para evitar pesadumbres.

CLARITA
(*Con un movimiento enfático de ambas manos.*) Calma..., mucha

calma... Hablemos tranquilamente..., sin caretas..., con el fondo de nosotras mismas.

Mamá Toña da un paso hacia Clarita y la mira con curiosidad.

CLARITA

(*A Mamá Toña.)* Hazme el favor de sentarte unos minutos...

Mamá Toña hace un gesto académico de inconformidad Clarita se le acerca y le pone una mano sobre el hombro.

CLARITA

Compláceme.

MAMÁ TOÑA

(*Blanda.*) Un abrir y cerrar de ojos. Ni un segundo más. (*Se deja llevar a la butaca, Sentándose.*) A ver. Date prisa. La sangre se me llena de hormiguillas.

CLARITA

(*A Mamá Toña.*) Calma, he dicho.

Mamá Toña guarda un silencio gustoso.

CLARITA

(*A las dos, después de pensar unos segundos.*) Tenemos que pensar en nosotras con absoluta serenidad. (*Marchando a un punto equidistante entre Mamá Toña y Marta.*) Disponemos de una sola vida y la convertimos en un garabato. (*Deteniéndose entre Mamá Toña y Marta.*) Yo soy quién debería llorar, y no he soltado una sola lágrima. (*Se toca los ojos con las manos y las muestra a Marta y Mamá Toña*) No brotan... Créanme. Nunca me he sentido tan limpia y tan feliz como esta noche.

Marta y Mamá Toña miran fijamente a Clarita, dominadas instintivamente por el aplomo de la muchacha.

CLARITA

Pues si yo me siento así, yo, que he visto a Bill convertirse en nada cuando más dulcemente lo quería, no me parece injusto pedirles un rato de sosiego...

Clarita mira a una y otra en silencio.

CLARITA
Escúchenlo claramente: me siento dichosa.

MARTA
No es verdad.

CLARITA
Un solo pesar no me permite la completa felicidad.

MARTA
¿Cuál?

CLARITA
Verlas infelices.

MARTA
Te engañas a ti misma.

CLARITA
No. No. He actuado con toda la verdad de mi conciencia. Quiero librar mi corazón del disfraz de vejigante y amar a mi gente como es.

MAMÁ TOÑA
¡Válgame el cielo! Ha llegado un ángel de pomarrosas...
Clarita mira a Mamá Toña y sonríe; luego, vuelve los ojos hacia Marta, quien desvía la vista y permanece pensativa.

CLARITA
(*Después de una pausa larga.*)
Vamos a estudiar esta situación desde un principio.

MAMÁ TOÑA
Pues la historia comienza con esta pecadora en combinación (*Señalando a Benedicto*) con aquel oso de Galicia.

CLARITA
Todo empezó en la noche de Santiago.

MAMÁ TOÑA
(*Irónicamente, en voz baja.*)
¡Santiago y cierra España!...

CLARITA
Ño Peña había encendido un baile de bomba.

MAMÁ TOÑA
Que los blancos desprecian como baile de negros. Hasta algunos prietos le tienen su asquillo.

CLARITA
Abuelo, un español disfrazado de vejigante...

MAMÁ TOÑA
...hizo la gracia. Los españoles la han hecho desde antaño. Primero con las indias, según contaban mis abuelos. Parece que de tanto bregar con moras, se acostumbraron.

CLARITA
De esos amores, nació mamá. (*Mirando a Marta.*) Creciste inconforme con tu suerte.

MAMÁ TOÑA
(*Entristeciéndose.*)
Por lo cual, sabe Dios que he pedido perdón muchas veces.
Clarita da un paso hacia Marta.

MAMÁ TOÑA
(*Rehaciéndose.*) Claro. Marta tuvo la dicha de estudiar y casarse, y vivir en la sala. Le aguantó muchas malcrianzas (*señalando al cuadro de la derecha*) al oso de Asturias; pero nunca fue arrinconada en la cocina.

CLARITA
(*Junto a Marta.*) De esos males nací yo, más blanca que todas. Pronto sufrí la pena de una vida rota por secretas fugas. Luego descubrí torturas parecidas en mucha gente puertorriqueña. Mucha, mucha...

137

Una reprimida marea de almas lastimadas... (*Guarda silencio unos segundos, como si abarcara en sí la doliente conciencia del país. Después de mover la cabeza lentamente de derecha a izquierda.*) Un día..., un día me encariñe con un blanco del sur de Estados Unidos. Alimenté una esperanza a medias, como todas las esperanzas de los seres mutilados por el miedo al desamor... Apenas palpé el encanto lo vi convertirse en furia contra nosotros, en la monstruosa fealdad del odio irracional contra la piel... Me convencí entonces cuánto se me hacía imposible vivir contra ustedes... (*A una y a otra.*) Es que nos pertenecemos... Una savia común pasa de conciencia a conciencia. A miedos, gritos, temblores, lágrimas, ahogos, pero con fuerza inevitable... (*después de mirarlas en silencio*), aquí estamos para siempre.

MAMÁ TOÑA

(*Después de una pausa, meneando la cabeza de arriba abajo*) Sí, señoras... Las tres Marías... En diferentes mezclas de café con leche... Lo que trae un enredo de puntas y ribetes que Dios Nuestro Señor se encargará de arreglar. (*Levantándose.*) No perdamos tiempo. Yo me puedo echar a un lado y sanseacabó. (*Señalando el turbante.*) La brujería del turbante puede trabajar. (A Clarita.) Si no le haces caso al ángel que llevas dentro, el rubio andaría como un palomo por el jardín. Mañana las campanas llamarían a boda.

CLARITA

Las máscaras hubieran engañado a Bill hasta un día... Y en justicia, ¿que valemos si dejamos crecer las culpas?
Impera el silencio unos segundos. Marta vuelve los ojos hacia Clarita, quien sostiene la mirada.

MARTA
(*Con suavidad.*)
Clarita...

CLARITA
Sí...

MARTA

Dime la verdad. ¿Eres o no feliz?

CLARITA

Me siento liviana como el aire. Podría dormir tranquilamente. En días anteriores, me hubiera sido imposible.

MARTA

¿Por qué?

CLARITA

Supe en Luquillo que la idea del turbante obsesionaba a Bill. Presentí las humillaciones de esta noche y me alejé para evitarlas, a mí y a ti.

Marta desvía la mirada y la fija en el vacío.

CLARITA

Pero faltaba confesar la verdad. Me asqueaba la absurda y estúpida debilidad de pasar por blanca. Una suciedad mortificante me invadía el cuerpo y no me dejaba ser como soy... Sentía borrosamente. Pensaba empeñadamente... Decidí enterrar la triste mendicidad de la piel. (*Se acerca a Marta y le pone una mano sobre su turbante.*) Tú también la debes enterrar...

MARTA

¿Y tu cariño a Bill ?...

CLARITA

Olvidemos a Bill. Repito que no lamento su partida. Debe estar ahogándose en alcohol para borrarnos de su conciencia enferma. Un odio le envenena el alma desde niño. Se lo inculcaron cuando empezaba a crecer y le será difícil librarse de su saña. No puede querernos como somos. Le provocamos un terror de pesadilla. Queda por desearle que su conciencia le sea benigna y que un día pueda librarse de sus prejuicios... Mientras tanto, pensemos en nuestra casa, donde tres seres humanos viven chocando duramente contra ellos mismos... Pensemos...

Clarita piensa unos segundos.

CLARITA

Bien... Hay lazos profundos entre las tres personas, abuela, hija, nieta, y se hace necesario que éstas convivan. Tenemos que empezar de algún modo. (*A Mamá Toña.*) ¿Qué opinas?

MAMÁ TOÑA

¡Hum!

Transcurren unos segundos en silencio.

CLARITA

Ya. Una idea... En primer lugar, escuchamos a Joyalito.

MAMÁ TOÑA

¡EI fin del mundo!

CLARITA

¿Alguien se opone?

Mamá Toña fija la mirada en Marta, quien se ha ensimismado.

CLARITA

¿Nadie?... ¡Pues pasemos a escucharlo!...

Clarita pone a funcionar el mecanismo de la radiola. Se escucha a «Joyalito».

Joyalito, ay, Joyalito,
Joyalito, ay, Joyalito,
te olvidaron en el puente.

MAMÁ TOÑA

Clarita..., si la música le molesta a Marta, suspéndela.

Marta levanta la cabeza y mira a Mamá Toña.

MAMÁ TOÑA

No quiero más discusiones. Me basta con la buena intención. (*Ahogando una lágrima.*) Me devuelve medio siglo de vida.

CLARITA
(*Sin hacer caso.*)
En segundo lugar, Mamá Toña nos enseña los pasos.

MAMÁ TOÑA
¿Yo?... Aparta.

CLARITA
(*Tomándola por las manos.*)
Ven.

MAMÁ TOÑA
(*A Marta.*)
Tu hija se empeña, Marta.

CLARITA
(*Llevándola a un lugar despejado de la sala.*)
Aquí...

MAMÁ TOÑA
(*Señalando a Marta.*)
Ésta no dice ni ji...

CLARITA
Enséñame...
Mamá Toña se mantiene con la vista fija en Marta.

CLARITA
¿Qué esperas?

MAMÁ TOÑA
Permiso del pitirre.

CLARITA
(*A Marta.*)
¿Qué opinas?

MARTA

(*A Mamá Toña, consintiendo.*)

¡Mamá Toña!...

Mamá Toña se hace la señal de la cruz.

CLARITA

Adelante, Mamá Toña.

MAMÁ TOÑA

(*Después de una pausa, mirando a Marta.*)

Te tomas dos puntas de la falda...

CLARITA

(*Repitiendo los movimientos de Mamá Toña.*)

Me tomo dos puntas de la falda...

MAMÁ TOÑA

... Y saludas a los timbaleros.

(*Con dos reverencias frente a la radiola.*)

La Consentida... y la Malcriada...

CLARITA

La Consentida... y la Malcriada...

MAMÁ TOÑA

Luego saludas a los curiosos, que siempre abundan... (*Le hace una reverencia a Marta.*) Hija...

CLARITA

(*Con una reverencia a Marta.*)

Mamá...

MAMÁ TOÑA

De ahí en adelante comienzas a reventar varillas. (*Comienza a ejecutar graciosas figuras de bomba.*)

Clarita se detiene y mira sonreída.

MAMÁ TOÑA
(*Bailando.*)
Una por aquí... y otra por allá...

CLARITA
¡Olé!...

MAMÁ TOÑA
Se dice: Baila la bomba, negrola.

CLARITA
(*Con una palmada.*)
Baila la bomba, negrola.

MAMÁ TOÑA
(*A sí misma, con picardía.*)
Baila...

CLARITA
(*Riendo.*)
Baila la bomba, negrola.

MAMÁ TOÑA
Baila. (*Con un movimiento indicativo de las manos.*) Tan pronto suba el «santo», te olvidarás del mundo. Es un gran remedio, te lo aseguro. (*En voz baja*):

Joyalito, ay, Joyalito,
Joyalito, ay, Joyalito,
te olvidaron en el puente.

CLARITA
Eres una gran bailarina de bomba.

MAMÁ TOÑA
(*Deteniéndose, fatigada.*) Pero me canso, mi nieta. Aquellas fuerzas volaron y los huesos comienzan a dolerme. El cuerpo se me quiere

acostar para no levantarse.

CLARITA

No te apures. Yo la aprenderé y me verás bailarla. Un día daremos la gran fiesta con timbaleros y todo.

MAMÁ TOÑA
(*Mirando a Marta.*)
¿Tú crees que el río suba tanto?
Clarita se vuelve y mira a Marta.

CLARITA
Mamá...

MARTA
Dime.

CLARITA

En tercer lugar..., nos iremos a pasear por el jardín.

MAMÁ TOÑA
(*Asustada.*)
¿Todas?

CLARITA

Pues claro. Las tres... Ese jardín pertenece a todas. Tenemos el mismo derecho a disfrutar de los flamboyanes.

MAMÁ TOÑA
Yo no asomo la cabeza.

CLARITA
¿Por qué?

MAMÁ TOÑA

Los vecinos... Recuerda que vivimos en el Condado. Gente encopetada con repelillos.

CLARITA

(*Natural.*) Que nos vean los vecinos. Y si quieren pasear con nosotros, haremos lado. (*Toma una mano a Mamá Toña y la arrastra hacia el jardín.*)

Mamá Toña la sigue, indecisa entre oponer o no resistencia. Clarita abre la puerta de la reja y contempla el jardín. Respira su belleza. Mamá Toña vuelve, unos pasos atrás.

MAMÁ TOÑA

Marta, hija... Si te causa dolor...

Clarita se vuelve y mira a Marta.

CLARITA

(*Desde el fondo.*)

Voluntad, mamá, y descubrirás un mundo más hermoso.

Marta se incorpora lentamente.

CLARITA

(*Señalando hacia los flamboyanes.*)

Aquí se junta la sangre de todos los hombres en la flor de los flamboyanes.

MAMÁ TOÑA

(*Con un paso hacia Marta.*)

No la hagamos sufrir más.

MARTA

(*Con un movimiento de la mano hacia el jardín.*)

Acompaña a Clarita.

MAMÁ TOÑA

Yo me puedo privar.

MARTA

Acompáñala...

Mamá Toña permanece inmóvil. Marta la mira unos segundos y se dirige lentamente a la radiola. Sube el volumen a un punto de gran sonoridad:

> *Joyalito, ay, Joyalito,*
> *Joyalito, ay, Joyalito,*
> *te olvidaron en el puente.*

Al tiempo que Marta se lleva las manos a la cabeza para desabrocharse el turbante, las paredes de la casa comienzan a desaparecer. Por la izquierda fondo irrumpen vejigantes; por la derecha fondo se les enfrentan caballeros en duelo mortal a espada. A medida que Marta se desabrocha el turbante y lo desenrolla, los caballeros hunden las espadas en los vejigantes. Marta arroja el turbante al suelo. Libre de negaciones, sacude su pelo crespo de mulata. Saca un pañuelo y comienza a limpiarse el blanquete de la cara.

En ese instante, precisamente, muere el último vejigante.

Clarita, luego de observar a Marta, mira a Mamá Toña en quien la liberación de la hija deja un agudo sentimiento de pena y alegría. Se vuelve hacia el jardín y entra a caminar por él. Mamá Toña la sigue con la mirada en espera de la reacción de Marta. Marta se vuelve hacia el jardín y se dirige a él.

EL TELÓN SE CIERRA

LENTAMENTE

VOCABULARIO

$\mathcal{E}$ste vocabulario corresponde tanto al texto como a las acotaciones que hace el autor para el director y los actores.

$\mathcal{P}$rimer acto

- *Las timbas llamadas Consentida y Malcriada:* El toque de tambores tiene un significado sagrado en el ritual religioso africano. Muchos de sus pueblos consideran que los tambores pertenecen a los dioses de su panteón y que hasta algunos de los dioses habitan en ellos. Al darle nombre a estos dos tambores, Arriví los personifica para resaltar su importancia en el baile de bomba.
- *El santo que los posee:* En África, el baile tiene un sentido religioso y cuando se está en el clímax, que algunos califican de paroxismo, se cree que se debe a un santo, un dios o un espíritu que se ha posesionado de la persona que baila.
- *¡Santiago y cierra España!:* Este fue el grito de las tropas de los reinos cristianos de España durante la guerra de Reconquista (718-1492). Se cree que la primera vez que se utilizó fue en la famosa batalla de las Navas de Tolosa (16 de julio de 1212). Es una invocación al Apóstol Santiago, también conocido como Matamoros, y una especie de orden a los "españoles" para que ataquen.
- *Fiesta santiaguina:* Fiesta de Santiago Apóstol, la cual se celebra el 25 de julio.
- *Tozudamente:* Obstinadamente.
- *Receden:* Retroceden, disminuyen, bajan el sonido.
- *Pizzicato:* Palabra italiana que significa puntuado, pellizcado.
- *Henderlos:* De "hender", abrir o rajar un cuerpo sólido.
- *Alfonso XIII:* Rey de España (1886-1941). La agitación política y social provocada por Primo de Rivera en el año 1923 llevó a la Revolución de 1931 que destronó la monarquía en España e instauró la República. Murió exilado en Roma.
- *Susuvana:* Palabra que indica "seso vano", o sea que no piensa, que actúa a lo loco.
- *Caimito:* Fruta que al comerse se sienten los labios pegajosos, por

eso dice que "amarra".

- *Níspero:* Fruta carnosa muy dulce.
- *Mata de mayas:* Planta herbácea cuyas hojas tienen unas espinas agudas, por eso es muy común utilizarla como cercados. Existe la expresión "Más malo [peor] que la maya" porque hinca muy fuerte.
- *Tomate desteñido:* De color blancuzco.
- *La noche de Santiago:* El 25 de julio se celebra la fiesta del Apóstol Santiago. Éste es Santiago el de Zebedeo, hermano de Juan Evangelista, al cual se le llama el Mayor para diferenciarlo de Santiago el de Alfeo que, como es más joven, se le llama el Menor. El Santo Patrón de Loíza Aldea es San Patricio, sin embargo, la fiesta de Santiago Apóstol se celebra allí con gran solemnidad desde la época de España.
- *Bebería sales por él:* Expresión que indica que haría cualquier cosa por él.

*S*egundo acto

- *Radiola:* Tocadiscos antiguo.
- *Plantígrado:* Se les llama a los cuadrúpedos que al andar apoyan en el suelo la planta de los pies y de las manos, como el oso. En el texto se refiere al esposo de Marta para indicar que era corpulento.
- *Disco fonográfico:* Lámina circular de un material que recoge la voz o cualquier sonido que puede reproducirse en el tocadiscos. Según el tamaño, los discos eran de 78, 45 o 33 revoluciones. En la actualidad se han sustituido por el CD.
- *Más buena que el pan:* Expresión popular para indicar que la persona es muy buena.
- *¡Y qué trompo el gallegote!:* El trompo es un juego que consiste en hacer bailar, utilizando un hilo grueso o cabuya, una pieza de madera en forma cónica con punta de metal. Existe la expresión "Baila más que un trompo" para señalar que la persona baila mucho o le gusta el baile. En el texto significa que a Benedicto le gustaba bailar mucho. El aumentativo "gallegote" no tiene matiz despectivo aquí.

- *Rumba y mambo:* Baile en los que se contonea el cuerpo, haciendo lo que dice Mamá Toña "molinillos de cintura" y "trapiches de cadera". En algunos sitios llegaron a prohibirlos porque los consideraban indecentes.
- *Celosías:* Enrejados de listoncillos de madera que se ponen en las ventanas para que entre el aire y no el sol, quienes estaban en el interior podían mirar hacia afuera sin ser vistos.
- *Ño Peña:* Ño, apócope de señor.
- *La hora de dar el piojo:* La hora de morirse.
- *Encandilado:* Deslumbrado.
- *Lo barruntaba:* De barruntar, conjeturar o presentir.
- *Asturianote:* Aumentativo del gentilicio asturiano. En este caso en forma despectiva.
- *Mis tatarabuelos defendieron de los ingleses:* El más prestigioso de los generales ingleses de ese tiempo, Ralph Abercromby, recibió instrucciones en 1796 de atacar a Puerto Rico. Vino con una imponente flota de 60 barcos y logró desembarcar unos dos mil soldados ingleses. En la defensa de la Isla se destacaron los habitantes de Loíza Aldea y de Cangrejos, que eran dos comunidades negras. Por eso Mamá Toña dice que sus tatarabuelos la defendieron. El general inglés levantó el sitio en abril de 1797 porque había tenido muchas bajas y le habían hecho muchos prisioneros. Esto significó para Puerto Rico un gran triunfo porque en ese tiempo la armada inglesa era la más famosa del mundo.
- *Súcubo:* Espíritu, diablo o demonio que, según creencia popular, tiene comercio carnal con un varón, bajo la apariencia de mujer.
- *Hojas de tártago:* Planta medicinal.
- *La esclavitud se abolió en el 73:* La abolición de la esclavitud en Puerto Rico se decretó el 22 de marzo de 1873.
- *Triscar sin cadenas:* A algunos esclavos los ponían a trabajar con cadenas en los pies para que no se fugaran. *Triscar* es hacer ruido con los pies, ahora pueden hacer más ruido porque están sin cadenas.
- *A lo sucusumuco:* Expresión que significa con mucho silencio, sin hacer ruido, de modo que no se oigan las pisadas. O bien, sin mucho ruido para saber algo que se desea saber.
- *San Antonio:* Se refiere a San Antonio de Padua, cuya fiesta se celebra

el 13 de junio. Se le conoce como el santo de las casaderas. Éstas suelen ponerlo de cabeza hasta que el santo le consiga un novio, según la popular copla: *Tengo a San Antonio / puesto de cabeza / si no me busca novio / nadie lo endereza.*

- *Pasote o pazote:* Planta medicinal muy amarga.
- *María Cristina:* Reina de España (1858-1929), segunda esposa del Rey Alfonso XII. Ejerció la regencia de su hijo Alfonso XIII desde que éste nació hasta el año 1902. Durante su incumbencia se desató la guerra hispano-americana.
- *Corazón de níspero:* Expresión que indica un corazón muy bondadoso.
- *La hoja del yagrumo:* La hoja del árbol de yagrumo tiene un color oscuro en su parte superior y claro en la inferior. Existe la expresión "Ser como la hoja del yagrumo" para indicar a una persona que tiene dos caras, que es falsa.
- *No debe ser muy católica:* Expresión popular que significa que no debe ser muy buena.
- *Vestir santos.* La expresión es "Quedarse para vestir santos", o sea, no casarse. La idea es que en vez de vestir a los hijos se viste a los santos, ya que antiguamente los santos eran de madera y se vestían.
- *Algunas perras:* En España también se le llama al dinero "perras". En este caso significa, pues, algún dinero.
- *Tuntuneco:* La expresión "estar tuntuneco" significa estar seminconsciente a causa de un golpe. Al usarse como sustantivo equivale a cualquier persona que no piensa, que no es nadie.
- *Contumaz:* Porfiado en mantener un error.
- *Marqués del tocino:* Expresión peyorativa para señalar al esposo de Marta que era bodeguero.
- *Tres pepitas de pana:* Expresión que indica que no vale nada. La pana de pepitas tiene muchas de ellas, por lo tanto tres no significan nada.
- *El diablo se espanta de la cruz:* La expresión es "Huir como el diablo a la cruz". Como le teme a la cruz, el diablo huye rápidamente.
- *Guineos pasados:* Cuando los guineos se pudren, sueltan un líquido muy parecido al vinagre que apesta.
- *Tan día nublado:* Tan pesimista.

- *Tocándose detrás de la cabeza:* Este gesto de Clarita indica que Bill tiene ideas hechas o preconcebidas, por lo tanto no razona, sino sigue esas ideas.

Tercer acto

- *Españoles de rompe y rasga:* Expresión que significa de ánimo resuelto y gran desembarazo.
- *Madeja:* Hilo en vueltas iguales que se puede devanar [desenrollar] fácilmente.
- *De los dientes para afuera:* Expresión que indica con falta de sinceridad, sin importarle nada.
- *No le confiesen pecados al diablillo:* No le digan nada.
- *Armar el catre en la sala:* La expresión "Armarle el catre" es lo mismo que "armarle la cama" y significa dar todas las facilidades, preparar a otro para algo. El catre o catre de tijera se utiliza como cama, tiene cuatro patas de madera cruzadas en aspas, sujetas con una clavija para plegar el lecho que es de lona. Si se observa, en el drama colocan el catre en la sala con lo cual se indica que se le dan un lugar preferencial, o sea más facilidades aún.
- *Rebascosa:* Con rabieta, enfadada.
- *Agua de melao:* Estaba muy dulce, muy cariñosa.
- *Sínsolas o sínsoras:* Lugar lejano.
- *Hazle la cruz:* Expresión que significa olvídalo, déjalo.
- *La sangre se me llena de hormiguillas:* Tener comezón o prisa por hacer o saber algo.
- *Moras:* Mujeres mahometanas. Parte de España estuvo en poder de los mahometanos o moros desde el siglo VIII hasta el siglo XV, por eso dice que los españoles se acostumbraron a ellas.
- *Las tres Marías:* Alude al evangelio de San Juan capítulo 19, versículo 25 que indica que en la crucifixión de Jesús, junto a la cruz, estaban tres Marías. Es muy común cuando se refiere a tres mujeres decir "las tres Marías".
- *Mezclas de café con leche:* Alusión a que la abuela, la madre y la hija, unas son más oscuras o más claras que otras.

152

- *Sanseacabó:* Expresión con la que se da por terminado un asunto.

Esta primera reimpresión
de la primera edición de
Vejigantes
se terminó de imprimir
en los talleres gráficos de

(787) 874-6698

en agosto de 2013.
Esta edición consta de 1,000 ejemplares a la rústica.